""

당신의 말 한마디가 인생을 바꾼다

인생을 바꾸는 말하기 기술

정병태 지음

N 넥스웍

서론
학습된 스피치 화력(話力)

말 한마디가 역사를 바꾸고, 한 문장이 인생의 방향을 틉니다.

스티브 잡스의 프레젠테이션, 오바마의 연설, 마윈의 메시지에는 공통된 비밀이 담겨 있습니다. 그것은 바로 '학습된 스피치의 힘'입니다.

스피치는 단순한 말하기가 아닙니다.

청중의 감정을 흔들고, 비즈니스 현장에서 설득하며, 신뢰를 쌓는 **가장 강력한 전략 도구**입니다.

이제 스피치는 선택이 아닌, **생존을 위한 필수 역량**이 되었습니다.

당신의 말은 이제 단순한 소통을 넘어, **비즈니스 성패를 가르는 핵심 경쟁력**이 될 수 있습니다. 그리고 그 변화는 바로 이 지점, '학습된 스피치'에서부터 시작됩니다.

말 한마디로 하루가 바뀌고, 인생이 전환되며, 비즈니스의 판도가 달라질 수 있습니다.

"말은 가장 강력한 약이다."

이 말처럼, 우리의 언어는 놀라운 힘을 품고 있습니다.

비즈니스 현장에서 보내는 시간 중 75%가 커뮤니케이션이라는 점을 감안하면, 말의 힘은 더욱 분명하게 다가옵니다.

그러나 진정한 스피치 능력은 타고나는 것이 아닙니다.

스티브 잡스, 오바마, 마윈 모두 '학습된 말하기 능력'을 통해 세상을 움직였습니다.

고대 그리스의 아리스토텔레스는 스피치를 성품(Ethos), 감정(Pathos), 논리(Logos)로 구성된 **설득의 기술이자 예술**이라 말했습니다.

특히 주목할 점은 '**후광 효과**(halo effect)'입니다.

탁월한 말하기 능력을 지닌 사람은 자동적으로 더 똑똑하고, 신뢰할 수 있으며, 매력적으로 느껴지는 **심리적 효과**를 불러옵니다.

이는 단순한 착각이 아닌, 실제 비즈니스 현장에서 입증된 사실입니다.

프레젠테이션, 협상, 팀 미팅, 고객 상담…….

매일의 비즈니스 현장이 곧 **스피치의 무대**입니다.

계약 성사, 프로젝트의 성패, 팀의 동기부여가 모두 **말하기에 달려 있다**고 해도 과언이 아닙니다.

하지만 걱정하지 마세요. 말하기는 분명히 **배울 수 있는 기술**입니다.

카리스마 있는 목소리, 설득력 있는 메시지 구성, 자신 넘치는 제스처까지 이 모든 것은 **체계적인 학습과 훈련**을 통해 향상될 수 있습니다.

예를 들어 이런 고민을 해본 적 있지 않으신가요?

- "중요한 프레젠테이션에서 떨리는 목소리를 어떻게 제어할까?"
- "팀원들을 효과적으로 설득하려면 어떻게 말해야 할까?"
- "고객과의 미팅에서 더 프로페셔널하게 보이려면?"

이러한 고민들은 **스피치 훈련**을 통해 확실히 해결할 수 있습니다.

말하기는 이제 '타고난 재능'이 아니라, **누구나 배우고 익힐 수 있는 전문 기술**입니다.

결국, 오늘날 비즈니스 세계에서 스피치 능력은 선택이 아니라 필수입니다.

당신의 커리어를 도약시키는 가장 강력한 무기 그것은 바로 '학습된 스피치'입니다.

목차

서론 학습된 스피치 화력 · 5

1장 당신의 말 한마디가 인생을 바꾼다

'준비의 역설'이 말해주는 진실 · 14 | 목소리 온도를 바꾸는 기술 · 16 | 발표의 분절 학습법 · 18 | 스피치 표기법의 힘 · 20 | 청중을 사로잡는 아이 콘택트 · 23 | 프로 연사들의 훈련 루틴 · 27 | 발표 전 체크리스트 완전 정복 · 31 | 발표의 시간 전략 · 35 | 시선으로 말하는 사람 · 38 | 유머를 말에 녹여라 · 40 | 내용보다 먼저, 구조를 세워 말하기 · 42 | 소리로 기억되는 사람 · 44

2장 청중을 단숨에 사로잡는 말의 기술

청중을 단숨에 집중시키는 리드 스피치 훈련법 · 48 | 기자의 시선으로 배우는 '한 줄의 힘' · 50 | 강연의 황금 구조 공식 · 52 | 청중을 사로잡는 골든타임, 90초의 마법 · 55 | 시각적 스토리텔링의 힘 · 57 | 중국 미인 이야기로 배우는 이미지 스피치 전략 · 60 | 인생을 바꾸는 스피치의 힘 · 63 | 명언 한 줄로 마음을 움직이는 고수의 기술 · 65 | 〈실전 실습〉 · 69 | 〈실전 훈련〉 · 70

3장 타고난 재능을 이긴 훈련- 말의 기적을 만든 사람들

약점을 무기로 바꾼 스피커: 데모스테네스의 반전 인생 · 78 ｜ 지금 당장 따라 할 수 있는 6가지 훈련법 · 83 ｜ 부끄러움을 넘어선 훈련법의 진수 · 86 ｜ 커뮤니케이션의 핵심 체크리스트 · 89

4장 말하기의 본질을 꿰뚫는 다독·다연·다견의 기술

리더를 위한 스피치의 본질 · 94 ｜ 얼굴이 먼저 전하는 메시지 · 97 ｜ 스피치 근육을 키우는 세 가지 훈련법 · 101 ｜ 신뢰를 만드는 보이지 않는 언어 · 104 ｜ 간결함의 미학 · 107 ｜ 리듬과 톤의 예술 · 110 ｜ 임팩트 있는 메시지의 핵심 전략 · 113

5장 학습된 스피치로 비즈니스 설계하기

유창한 말은 '타고난' 것이 아니라 '배웠다.' · 120 ｜ 지루한 스피치가 당신의 경쟁력을 갉아먹고 있습니다 · 126 ｜ 첫 30초가 당신의 스피치를 결정합니다 · 129 ｜ 인상적인 스피치와 대화를 위한 실전 가이드 · 133 ｜ 효과적인 커뮤니케이션의 기초: 어휘력 강화하기 · 140 ｜ 스피치 역량 강화를 위한 어휘력 트레이닝 가이드 · 143 ｜ 스토리텔링의 힘: 청중을 사로잡는 효과적인 스피치 기법 · 146 ｜ 〈학습 포인트〉 · 150 ｜ 〈실전 양식〉 · 152

6장 스피치 전 심리 셋업의 기술

마음을 리셋하고 무대를 지배하라 · 156 ｜ 진심이 통하는 칭찬의 기술: 구체성, 타이밍, 진정성의 3원칙 · 161 ｜ 무대 위로 걸어오는 순간부터 스피치는 시작된다 · 164 ｜ 프로페셔널한 첫인사의 기술 · 167

7장 스피치 달인을 만드는 10가지 실전 훈련법

말이 바뀌면 인생이 바뀐다 · 174 ｜ 성공하는 스피커의 7가지 비밀 코드 · 178 ｜ 무대 위 자신감, 스피치 3대 핵심 기술 공개 · 186 ｜ 〈실전 훈련〉 · 189

8장 세계를 움직인 스피치 전략

말의 힘으로 세계를 움직이다 · 192 ｜ 트럼프식 스피치 전략 완전 해부 · 195 ｜ 첫 5분에 승부를 건다 · 200 ｜ 상대를 끌어당기는 실전 협상 언 · 203 ｜ 진정성 + 전략 = 세상을 바꾸는 언어 · 206

9장 스티브 잡스에게 배우는 프레젠테이션의 모든 기술

스토리텔링은 왜 청중의 뇌를 사로잡는가 · 210 ｜ 질문 하나가 분위기를 바꾼다 · 218 ｜ 청중을 사로잡는 스피치의 핵심 · 221 ｜ 효과적인 프레젠테이션의 황금률 · 224 ｜ 숫자와 통계의 효과적 활용법 · 227 ｜ 임팩트 있는 즉석 스피치와 주장 스피치 기법 · 230 ｜ 청중을 사로잡는 프레젠테이션의 비밀 · 234

10장 청중을 사로잡는 힘, 조조의 언변술로 풀다

프레젠테이션에 생명력을 불어넣는 이벤트 전략 · 240 ｜ 고전을 현실로 바꾸는 힘, 명언으로 설득하라 · 244 ｜ 조조의 말 한마디에 담긴 리더십 · 248 ｜ 조조의 언변에서 배우는 현대적 소통의 지혜 · 250 ｜ 조조의 성공 전략에서 배우는 현대적 소통법 · 252 ｜ 관도대전에서 배우는 리더십 화법 · 254 ｜ 조조에게서 배우는 균형 잡힌 리더의 모습 · 257 ｜ 조조의 리더십에서 배우는 현대적 교훈 · 260

11장 제갈량의 유세술과 설득의 심리학

제갈량의 승상 임명과 조직 신뢰의 힘 · 266 ｜ 제갈량에게 배우는 말의 기술 · 270 ｜ 제갈량의 격장법과 동기부여 · 273 ｜ 신뢰를 쌓는 제갈량식 커뮤니케이션 · 276 ｜ 귀곡자에게 배우는 전략적 타이밍과 커뮤니케이션 · 279 ｜ 소진의 7가지 설득 전략 · 282

12장 오바마의 연설에서 배우는 설득의 힘

오바마의 말하기 전략 해부 · 288 ｜ 최고의 스피커가 가진 공통의 기술 · 290 ｜ 오바마의 시각적 스피치 전략 · 294 ｜ 오바마가 전하는 인용의 기술 · 297 ｜ 오바마의 '침묵 기술' · 301

13장 처칠의 연설에서 배우는 리더십의 본질

말더듬이 소년에서 노벨문학상까지 · 306 ｜ 처칠의 연설이 가진 힘 · 309 ｜ 전쟁을 바꾼 처칠의 웅변술 · 314 ｜ 감성 연설의 5가지 기술 · 319

14장 짧고 강렬하게 사람의 마음을 움직이는 법

마윈의 말 한마디는 왜 수백만 명을 움직였을까 · 326 ｜ 비유로 풀어낸 마윈의 언어 · 331 ｜ 마윈의 말하기 법칙 5가지 · 334

[1장]
당신의 말 한마디가 인생을 바꾼다

01
'준비의 역설'이 말해주는 진실

성공적인 스피치와 설득력 있는 커뮤니케이션의 본질은 철저한 준비에 있습니다. 많은 사람들이 타고난 말솜씨를 부러워하지만, 실제로 스피치는 누구나 체계적으로 학습하고 발전시킬 수 있는 기술입니다.

이 관점을 가장 잘 보여주는 일화가 있습니다. 뛰어난 웅변가로 명성이 높았던 우드로우 윌슨 전 미국 대통령의 사례입니다. 한 기자와의 인터뷰에서 그가 밝힌 연설 준비 시간은 우리에게 중요한 통찰을 제공합니다.

- 5분 연설- 24시간 준비
- 30분 연설- 3시간 준비
- 2시간 연설- 즉석 가능

이 역설적인 답변이 시사하는 바는 분명합니다. 핵심을 간단명료하게 전달하는 것이 오히려 더 많은 준비와 노력을 필요로 한다는 점입니다.

실제로 윌슨 대통령의 연설문을 보면 이러한 준비의 결과를 확인할 수 있습니다. 그의 대표적인 의회 연설은 불필요한 수식 없이도 강력한 메시지를 전달합니다.

"세계는 민주주의를 위한 안전한 장소가 되어야 합니다. 우리는 이기적 목적도, 정복도, 지배도 추구하지 않습니다. 단지 국가의 신념과 자유가 공고해지는 것을 보고자 할 뿐입니다."

오늘날 비즈니스 환경에서도 이 원칙은 여전히 유효합니다. 프레젠테이션, 피칭, 회의 진행 등 모든 형태의 비즈니스 커뮤니케이션에서 명확하고 간결한 메시지를 전달하기 위해서는 체계적인 준비가 필수적입니다. 즉흥적인 장황함이 아닌, 준비된 간결함이 진정한 전문가의 모습입니다.

02
목소리 온도를 바꾸는 기술

프레젠테이션이나 공개 발표에서 가장 큰 실수는 단조로운 톤을 유지하는 것입니다. 청중의 집중력을 사로잡으려면 목소리에 변화를 주는 것이 핵심입니다. 이는 단순한 기교가 아닌, 메시지의 효과적인 전달을 위한 필수 요소입니다.

음성 변화의 기술

- 음량의 강약 조절: 핵심 메시지에서는 목소리를 높이고, 부연 설명에서는 낮추는 식의 변화
- 속도의 완급 조절: 중요한 내용은 천천히, 보조 설명은 빠르게
- 리듬감 형성: 규칙적인 강약 변화로 청중의 귀를 사로잡기

많은 직장인들이 발표 공포증을 경험합니다. 하지만 이는 자연

스러운 현상이며, 오히려 적절한 긴장감은 더 나은 퍼포먼스를 이끌어낼 수 있습니다. 문제는 공포 자체가 아닌, 준비 부족에 있습니다.

발표 준비의 세 가지 단계
1. 원고 준비 단계: 전체 내용을 문장으로 작성
2. 요점 정리 단계: 핵심 메시지만 메모
3. 자유 발표 단계: 내용을 완전히 내재화하여 자연스럽게 전달

특히 주목할 점은, 가장 인상적인 발표는 메모 없이 진행되는 자유 발표라는 것입니다. 이는 단순히 암기가 아닌, 철저한 준비와 연습을 통한 내용의 완벽한 이해에서 비롯됩니다.

스피치는 피아노나 댄스와 마찬가지로 학습 가능한 기술입니다. 체계적인 연습과 준비만 있다면, 누구나 효과적인 발표자가 될 수 있습니다. 현대 비즈니스 환경에서 이러한 커뮤니케이션 능력은 선택이 아닌 필수가 되었습니다.

기억하세요. 완벽한 발표자는 타고나는 것이 아니라 만들어지는 것입니다. 처음부터 능숙할 필요는 없습니다. 꾸준한 연습과 피드백을 통해 점진적으로 발전해 나가는 것이 진정한 전문가의 모습입니다.

03
발표의 분절 학습법

발표 준비 과정에서 가장 효율적인 방법 중 하나는 '분절 학습법'입니다. 이는 긴 발표 내용을 작은 단위로 나누어 완벽하게 습득하는 전략으로, 특히 중요한 프레젠테이션을 앞둔 비즈니스 전문가들에게 매우 유용한 접근법입니다.

핵심 준비 단계

1. 문단 분리

원고를 독립적인 의미 단위로 분리합니다. 각 문단은 하나의 완결된 메시지를 담아야 하며, 이는 청중의 이해도를 높이는 동시에 발표자의 기억력도 향상시킵니다.

2. 최적화 과정

발음하기 어렵거나 전달력이 떨어지는 표현은 과감히 수정합니다. 전문 용어나 복잡한 단어는 청중이 이해하기 쉬운 표현으로 대체하되, 핵심 메시지는 유지합니다. 이는 단순한 단어 교체가 아닌, 메시지의 효과적 전달을 위한 최적화 과정입니다.

3. 반복 학습

각 문단을 소리 내어 읽으며 반복 학습합니다. 이때 중요한 것은 단순 암기가 아닌, 내용의 완벽한 이해와 자연스러운 전달입니다. 각 문단의 키워드가 자연스럽게 떠오를 정도로 숙지하는 것이 목표입니다.

이러한 접근법의 장점은 대규모 프레젠테이션부터 즉석 발표까지 모든 상황에서 적용 가능하다는 점입니다. 특히 시간 압박이 있는 비즈니스 환경에서 효율적인 준비를 가능하게 합니다.

기억하세요: 완벽한 발표는 결코 우연이 아닙니다. 체계적인 준비와 연습의 결과물입니다. 이러한 방법론을 통해 여러분의 메시지는 더욱 선명하고 강력해질 것입니다.

04
스피치 표기법의 힘

프레젠테이션의 진정한 힘은 단순한 내용 전달을 넘어 청중의 마음을 움직이는 데 있습니다. "청중의 귀에 들린 것이 진정한 메시지다."라는 말처럼, 효과적인 전달을 위해서는 체계적인 표기 시스템이 필요합니다.

스피치 표기 시스템의 핵심 요소

1. 강조와 쉼표

- 밑줄(_): 핵심 키워드 강조

- 사선(/): 1초 단위의 전략적 휴식

- 쉼표(,): 2초 정도의 의도적 정지로 긴장감 조성

2. 음성의 역동성

- 상하 화살표(↑↓): 음성의 고저 변화로 드라마틱한 효과 연출
- 크기 기호(< >): 음량 변화를 통한 입체감 있는 전달
- 속도 조절: 빠르기의 변화로 청중의 집중도 관리

3. 청중 참여 유도

- 물음표(?): 2초 이상의 여백으로 청중의 사고 촉진
- 추가 기호(*, ~): 리듬감 있는 전달을 위한 보조 표시

실전 적용 예시

"저는/ 좋은 꿈을 가진 사람이/ 좋은 사람이라고 생각합니다."

"좋은 꿈을 가진 사람을 만나면, 인생의 방향이(↑) 달라지기 시작합니다."

"당신의 꿈은 무엇입니까?(3초 휴식)"

이러한 표기법의 장점

1. 자연스러운 리듬감 형성
2. 청중의 집중도 향상
3. 메시지의 깊이 있는 전달
4. 즉각적인 피드백 가능

중요한 점은 이러한 표기가 단순한 기술적 도구가 아닌, 메시지의 효과적 전달을 위한 전략적 도구라는 것입니다. 마치 음악의 악보처럼, 이러한 표기법은 여러분의 발표를 더욱 풍성하고 설득력 있게 만들어줄 것입니다.

실제 활용 시에는 반드시 충분한 연습을 통해 이러한 표기가 자연스러운 흐름으로 이어지도록 해야 합니다. 과도한 표기는 오히려 부자연스러움을 초래할 수 있으므로, 핵심 포인트에만 선별적으로 적용하는 것이 바람직합니다.

05
청중을 사로잡는 아이 콘택트

한 번이라도 중요한 프레젠테이션 중에 청중의 무관심한 표정과 마주친 적이 있으신가요? 세계 최고의 연설가들이 공통적으로 사용하는 비밀 무기가 있습니다. 바로 '아이 콘택트'입니다. 아무리 잘 준비된 내용도 원고에만 시선을 고정한 채 전달한다면, 그 설득력과 신뢰감이 절반으로 줄어듭니다. 오늘 여러분은 청중의 마음을 사로잡는 효과적인 시선 처리 기법을 배우게 될 것이며, 이를 통해 어떤 무대에서도 자신감 있게 빛나는 발표자로 거듭날 수 있습니다.

프레젠테이션의 성패를 가르는 핵심 요소는 청중과의 시선 교류입니다. 아무리 좋은 내용도 원고에만 시선을 고정한 채 전달한다면 그 가치가 반감됩니다. 여기서는 효과적인 시선 처리 기법과 그 실천 방법을 알아보겠습니다.

시선 관리의 핵심 테크닉

1. '찍고 말하기' 기법

- 핵심 문구를 빠르게 포착

- 즉시 고개를 들어 청중과 시선 교환

- 다음 문장으로 자연스럽게 전환

2. 효율적인 원고 구성

- 간결한 문단 구성

- 핵심 키워드 중심의 배치

- 직관적인 시각적 구조화

실전 연습 방법

첫 단계: "저는 좋은 꿈을 가진 사람이 좋은 사람이라고 생각합니다."

→ 문장을 빠르게 인식

→ 청중을 바라보며 전달

→ 청중의 반응 확인

윈스턴 처칠의 연습법

- 완성된 원고 작성
- 핵심 내용을 간단한 메모로 전환
- 반복 학습을 통한 내재화
- 최종적으로는 메모 없이 발표

발표 성공의 3요소

1. 철저한 사전 준비
2. 실전 같은 리허설
3. 청중과의 적극적 교감

주의사항

원고 의존도를 점진적으로 낮추기

기계적인 낭독 지양

청중의 반응에 따른 유연한 대응

프로페셔널한 발표자가 되기 위한 일일 훈련법

1. 아침: 핵심 메시지 3회 이상 소리 내어 읽기
2. 점심: 거울 보며 시선 처리 연습
3. 저녁: 실제 발표 환경 상상하며 리허설

기억하세요: 뛰어난 발표는 재능이 아닌 훈련의 결과물입니다. 처음에는 어색할 수 있지만, 지속적인 연습을 통해 자연스러운 발표 스킬을 체득할 수 있습니다. 발표의 완성도는 준비 시간과 정비례합니다.

이러한 체계적인 접근을 통해, 여러분의 프레젠테이션은 단순한 정보 전달을 넘어 청중과 교감하는 소통의 장이 될 것입니다.

06
프로 연사들의 훈련 루틴

　세계적인 연설가와 평범한 발표자의 차이는 무엇일까요? 그것은 바로 체계적인 연습과 끊임없는 피드백의 결과입니다. 많은 사람들이 타고난 연설 능력을 부러워하지만, 사실 프로페셔널한 스피치는 재능이 아닌 올바른 훈련 방법론의 산물입니다. 투자한 연습 시간의 양보다 중요한 것은 그 연습의 질과 효율성입니다. 오늘 여러분은 단순한 발표자에서 청중의 마음을 사로잡는 영향력 있는 연설가로 거듭나기 위한 전문가들의 실질적인 훈련 비법을 배우게 될 것입니다.

　프로페셔널한 스피치는 체계적인 연습과 꾸준한 피드백을 통해 완성됩니다. 다음은 세련된 스피치를 위한 단계별 실천 방법입니다.

기초 훈련 단계

1. 반복 낭독 훈련

- 원고를 소리 내어 읽기
- 문장의 리듬과 톤 파악
- 거울 앞 실전 연습

2. 시선 처리 연습

- 핵심 구절 빠르게 포착
- 청중과의 아이 콘택트 유지
- 원고 의존도 점진적 감소

심화 발전 단계

1. 감정 전달력 향상

- 핵심 메시지에 감정 실어보기
- 강조구절 차별화
- 청중 반응 분석 및 피드백

2. 시간 관리 최적화

- 전체 발표 시간 조절
- 구간별 시간 배분
- 원고 다듬기와 편집

실전 적용 팁

1. 개인화 전략

- 자신만의 리듬 패턴 개발
- 편안한 말투 유지
- 자연스러운 제스처 활용

2. 완성도 높이기

- 지속적인 원고 수정
- 불필요한 내용 제거
- 핵심 메시지 강화

기억하세요: 탁월한 스피치는 하루아침에 완성되지 않습니다. 체계적인 준비와 꾸준한 연습이 만나야 비로소 가능합니다. 처음에는 다소 지루하게 느껴질 수 있는 이 과정이 결국 여러분을 빛나는 연사로 만들어줄 것입니다.

연습 효과

- 자신감 상승
- 자연스러운 전달력
- 청중과의 교감 향상
- 예상 밖 상황 대처 능력

이러한 단계적 접근을 통해, 여러분은 예상했던 것보다 훨씬 더 뛰어난 발표자로 성장할 수 있습니다. 중요한 것은 시작하는 것입니다. 지금 바로 실천해보세요.

07
발표 전 체크리스트 완전 정복

성공적인 프레젠테이션은 내용뿐만 아니라 환경 준비에서도 시작됩니다. 발표 전 발표장 환경을 철저히 점검하는 것은 자신감을 높이고, 청중과의 원활한 소통을 가능하게 합니다. 특히 발표 환경에 대한 이해는 자신 있는 발표의 핵심 요소입니다. 다음은 전문가들이 활용하는 체계적인 환경 분석 가이드입니다. 이 체크리스트는 발표 전 꼭 확인해야 할 핵심 사항들을 간결하게 정리했습니다.

발표 환경 사전 점검 사항

1. 공간 및 시설 분석

발표장의 규모, 구조, 음향, 영상 장비, 조명, 연단 상태를 점검하세요. 이는 메시지가 명확히 전달되도록 돕고, 발표 분위기를 좌우합니다.
- 발표장 규모와 구조 파악
- 음향 시스템 점검 (마이크 종류 및 상태)
- 영상 장비 확인 (프로젝터, 스크린 상태)
- 조명 상태 및 조절 가능 여부
- 연단 위치 및 상태

2. 청중 분석

참석자 수, 특성(직업, 연령대, 관심사), 기대사항을 파악하세요. 이를 통해 발표 내용을 조정하고, 질의응답 시간에 효과적으로 대응할 수 있습니다.
- 참석 예상 인원
- 청중의 특성 (직업, 연령대, 관심사)
- 참석 목적 및 기대사항
- 질의응답 성향 예측

3. 시간 관리 전략

총 발표 시간을 확인하고, 발표와 Q&A 시간을 적절히 배분하세요. 사회자의 진행 방식과 시작·마무리 시간을 엄수하면 전문성을 높일 수 있습니다.
- 총 발표 시간 확인

- 세션 구성 (발표, Q&A 시간 배분)

- 사회자 진행 방식 확인

- 시작 및 마무리 시간 엄수

4. 현장 도착 계획

발표 30분 전 도착을 목표로 이동 경로와 주차 공간을 미리 확인하세요. 현장 스태프 연락처를 확보해 긴급 상황에 대비하세요.

- 발표 30분 전 도착 필수

- 이동 경로 사전 확인

- 주차 공간 및 소요시간 계산

- 현장 스태프 연락처 확보

이 체크리스트는 발표의 성공을 위한 핵심 준비 사항을 간단히 정리했습니다. 각 항목을 점검하면 더욱 세련되고 효과적인 프레젠테이션이 가능합니다.

실전 체크리스트

장비 점검

- 마이크 테스트

- 프레젠테이션 파일 작동 확인

- 레이저 포인터/리모컨 배터리 상태

공간 확인
- 연단 높이 및 안정성
- 청중과의 거리
- 시선 처리 동선

자료 준비
- 발표자료 백업본
- 필요시 인쇄물
- 명함/연락처

기억하세요: 완벽한 발표는 철저한 사전 준비에서 시작됩니다. 환경에 대한 이해는 예상치 못한 상황에서도 유연하게 대처할 수 있는 자신감을 줍니다.

특히 연단 사용은 초기 발표자들에게 중요한 심리적 안정감을 제공합니다. 원고를 완벽히 숙지하지 못했다면, 연단을 전략적으로 활용하되 점진적으로 의존도를 줄여나가는 것이 바람직합니다.

이러한 체계적인 준비를 통해, 여러분은 어떠한 발표 환경에서도 최상의 퍼포먼스를 보여줄 수 있을 것입니다.

08
발표의 시간 전략

비즈니스 현장에서 가장 강렬한 인상을 남기는 프레젠테이션은 간결함에서 나옵니다. "짧은 연설이 나쁜 연설이 되기는 어렵다."라는 말처럼, 시간 관리는 발표의 성공을 결정짓는 핵심 기술입니다. 청중의 집중력은 한정적이기에, 효과적인 시간 관리가 메시지를 명확히 전달하는 열쇠입니다.

시간 관리의 핵심 원칙

1. 최적의 발표 시간

발표 유형에 따라 적절한 시간을 할당하는 것이 중요합니다. 자기소개는 짧고 간결하게, 주요 프레젠테이션은 핵심을 담아 15~20분 이내로 마치는 것이 청중의 집중력을 유지하는 비결입니다.

- 자기소개/인사: 2~3분

- 일반 발표: 6~7분

- 주요 프레젠테이션: 최대 15~20분

- 다자간 발표: 5분 이내

2. '떠날 때를 아는' 전략

청중이 아쉬워할 때 발표를 마무리하는 것이 최적의 타이밍입니다. 핵심 메시지를 전달한 후 불필요한 설명을 추가하지 말고, 청중의 집중도가 최고조일 때 끝내는 것이 인상을 깊게 만듭니다.

- 박수 칠 때 떠나라- 청중이 아쉬워할 때가 최적의 종료 시점
- 핵심 메시지 전달 후 불필요한 부연 설명 자제
- 청중의 집중도가 최고조일 때 마무리

3. 콘텐츠 구성의 기술

메시지를 압축적이고 명확히 전달하는 것이 핵심입니다. 불필요한 반복과 장황한 설명은 과감히 제거하고, 적절한 호흡과 긴장 완화 포인트를 배치해 청중이 지치지 않도록 해야 합니다.

- 핵심 메시지를 압축적으로 전달
- 불필요한 반복과 장황한 설명 제거
- 적절한 호흡과 긴장 완화 포인트 배치

성 암브로시우스의 말처럼 "지루한 연설은 오직 분노를 자극할 따름"입니다. 현대의 바쁜 비즈니스 환경에서 이는 더욱 절실한 진리가 되었습니다.

실전 팁
- 발표 전 리허설을 통한 시간 측정
- 예상 시간보다 10% 짧게 준비
- 핵심 포인트 3개 이내로 제한
- 청중 반응에 따른 유연한 시간 조절

기억하세요: 최고의 프레젠테이션은 청중이 '더 듣고 싶다.'라고 생각하는 순간에 끝나는 것입니다. 이는 단순한 시간 관리를 넘어 청중의 관심과 집중도를 최대한으로 활용하는 전략적 선택입니다.

09
시선으로 말하는 사람

　대화와 발표에서 가장 중요한 것은 청중과의 진정한 교감입니다. 원고에 의존하지 않고 자연스럽게 이야기를 풀어나갈 때, 우리는 청중과 더 깊은 신뢰 관계를 형성할 수 있습니다.

　특히 시선 접촉은 이러한 신뢰 관계 구축의 결정적 요소입니다. 원고에서 눈을 떼고 청중을 바라볼 때, 우리의 메시지는 단순한 정보 전달을 넘어 감동과 설득력을 갖게 됩니다. 반면 원고에만 집중하다 보면, 아무리 좋은 내용이라도 마치 책을 읽어주는 듯한 인상을 줄 수 있습니다.

　무엇보다 원고 없는 발표를 위해서는 철저한 준비가 필요합니다. 내용을 완벽하게 자기 것으로 만들 때까지 반복적인 연습이 필수적이죠. 하지만 이런 노력은 결코 헛되지 않습니다. 실전 경험이 쌓일수록 자연스러운 표현력과 함께 자신감도 커지기 때문입니다.

발표 기회가 주어졌을 때, 이를 부담스러운 과제가 아닌 성장의 기회로 받아들이세요. 매 순간이 여러분의 소통 능력을 한 단계 발전시키는 소중한 경험이 될 것입니다. 진정성 있는 시선 접촉과 철저한 준비, 이 두 가지만 있다면 청중의 마음을 사로잡는 명쾌한 발표를 할 수 있습니다.

010
유머를 말에 녹여라

비즈니스 현장이나 일상적인 소통에서 유머는 강력한 소통의 도구입니다. 하지만 진정으로 효과적인 유머는 즉흥적인 순발력이 아닌, 체계적인 준비와 연습을 통해 다듬어집니다.

좋은 유머는 마치 요리의 양념과도 같습니다. 적절한 순간에 적당량을 사용할 때 대화나 발표의 맛을 살려주죠. 특히 긴장된 분위기를 부드럽게 전환하거나, 복잡한 내용을 전달할 때 청중의 주의를 환기시키는 데 큰 도움이 됩니다.

그러나 유머를 구사할 때는 세심한 주의가 필요합니다. 가장 중요한 것은 청중의 감정을 섬세하게 고려하는 것입니다. 특정 개인이나 집단을 비하하거나, 민감한 주제를 건드리는 유머는 자칫 소통의 벽을 더 높일 수 있습니다.

가장 이상적인 유머는 발표 주제와 자연스럽게 어우러지면서, 청중에게 공감과 미소를 동시에 선사하는 것입니다. 이를 위해서는 평소 다양한 유머 소재를 수집하고, 자신만의 방식으로 재해석하는 노력이 필요합니다.

결국 유머는 전문성을 드러내면서도 친근감을 더하는 소통의 기술입니다. 체계적인 준비와 세련된 활용을 통해, 여러분의 메시지는 더욱 강력하고 기억에 남는 것이 될 것입니다.

011
내용보다 먼저, 구조를 세워 말하기

뛰어난 발표는 '무엇을' 말하는지와 '어떻게' 말하는지가 완벽한 조화를 이루어야 합니다. 명확한 메시지를 가진 발표는 청중에게 통찰을 주고, 공감을 이끌어내며, 때로는 즐거움까지 선사할 수 있습니다.

효과적인 발표는 세 가지 핵심 요소로 구성됩니다. 먼저, 도입부에서는 적절한 유머나 위트로 청중의 관심을 사로잡습니다. 이때 진정성 있는 칭찬이나 격려를 더하면 청중과의 유대감을 더욱 강화할 수 있죠.

두 번째로, 발표의 핵심 목적을 명확하게 제시합니다. 청중이 이 발표를 통해 얻을 수 있는 구체적인 가치와 인사이트를 제시하는 것이 중요합니다.

마지막으로, 열정적인 전달이 필요합니다. 적절한 목소리 변화와 제스처를 활용해 메시지에 생동감을 불어넣으세요. 이러한 비언어적 요소들이 내용의 설득력을 한층 높여줄 것입니다.

탁월한 발표를 위해서는 철저한 준비 과정이 필수적입니다. 먼저 초안을 꼼꼼히 작성한 후, 여러 번의 퇴고를 거치며 내용을 다듬어야 합니다. 불필요한 중복은 과감히 제거하고, 표현이 거친 부분은 세련되게 다듬으세요. 실제로 소리 내어 읽어보며 강조점을 표시하고 흐름을 확인하는 것도 중요합니다.

결국 뛰어난 발표자가 되는 길은 체계적인 준비에서 시작됩니다. 탄탄한 구성과 열정적인 전달이 만날 때, 여러분의 메시지는 청중의 마음속에 깊이 각인될 것입니다.

012
소리로 기억되는 사람

전문적인 소통에서 목소리는 메시지의 깊이를 더해주는 핵심 도구입니다. 성량은 마치 음악의 다이내믹과 같이 10부터 100까지의 스펙트럼을 가지는데, 상황에 따라 적절히 조절하는 것이 중요합니다.

일상 대화에서는 보통 30~40 정도의 중간 성량이 적절하며, 프레젠테이션이나 공식 발표에서는 40~50 정도로 높여 명확성을 더합니다. 타고난 성량은 개인차가 있어 60~70까지 자연스럽게 구사하는 분들도 있죠. 감정이 고조될 때는 80~90까지도 올라갈 수 있습니다.

진정한 소통 전문가는 이 모든 성량을 상황에 맞게 자유자재로 구사할 수 있어야 합니다. 특히 작은 성량으로 말할 때는 또박또박한 발음이 중요한데, 이는 메시지의 명확성을 유지하기 위해서입니다.

실전 훈련법을 소개하자면, 가장 먼저 문장을 적절한 단위로 끊어읽기 연습을 해보세요. 이때 손동작을 함께 활용하면 더욱 효과적입니다. 큰 소리를 낼 때는 손을 크게 펼치고, 작은 소리를 낼 때는 손을 오므리는 식으로 말이죠. 이런 연습이 자연스러운 리듬감과 템포를 만들어냅니다.

매일 15분씩 다양한 텍스트를 소리 내어 읽는 습관을 들이세요. 에세이, 시, 신문 사설 등 장르에 구애받지 말고 다양한 문체를 접해보세요. 특별한 팁으로는, 나무젓가락이나 볼펜을 물고 읽기 연습을 하면 발음의 정확성을 높일 수 있습니다.

이러한 체계적인 훈련을 통해 여러분은 상황에 따라 유연하게 변화하는 매력적인 목소리를 가질 수 있습니다. 결국 명확하고 설득력 있는 목소리야말로 전문가다운 소통의 기본이 되니까요.

[2장]
청중을 단숨에 사로잡는 말의 기술

01
청중을 단숨에 집중시키는
리드 스피치 훈련법

　발표의 시작은 마치 영화의 오프닝과도 같습니다. 청중의 관심을 단숨에 사로잡을 수 있는 강력한 첫 문장, 이것이 바로 '리드(Lead)'의 핵심입니다.

　에이브러햄 링컨은 "말로 모든 의혹을 없애느니 차라리 침묵하는 것이 더 낫다."라고 했습니다. 이는 과도한 설명이 오히려 메시지의 힘을 약화시킬 수 있다는 통찰을 담고 있죠. 때로는 간결한 침묵이 천 마디 말보다 더 큰 설득력을 가질 수 있습니다.

　이러한 맥락에서 고대 그리스 수학자 유클리드의 일화는 우리에게 깊은 통찰을 줍니다. 프톨레마이오스 1세가 기하학의 지름길을 물었을 때, 유클리드는 "기하학에는 왕도가 없습니다."라고 답했습니다. 이 대답은 오늘날 '학문에는 왕도가 없다'라는 격언으로 전해지고 있죠.

뛰어난 연설가가 되는 길 역시 마찬가지입니다. 피아니스트 루빈스타인의 말처럼 "하루를 연습하지 않으면 자신이 알고, 이틀을 연습하지 않으면 친구가 알고, 사흘을 연습하지 않으면 관객이 안다."라는 통찰은 소통의 영역에서도 그대로 적용됩니다.

채근담의 구절도 이를 뒷받침합니다. "사나운 말도 잘 길들이면 명마가 되고, 품질이 나쁜 쇠붙이도 잘 다루면 훌륭한 그릇이 된다."

타고난 재능보다 더 중요한 것은 꾸준한 노력과 열정입니다.

결국 강력한 리드는 하루아침에 만들어지지 않습니다. 부단한 연습과 시행착오를 거치며, 청중의 마음을 움직이는 첫 문장이 탄생하는 것입니다. 마르크스가 말했듯 '성장은 부단한 노력의 일부'이기 때문입니다.

02
기자의 시선으로 배우는 '한 줄의 힘'

　뉴스룸의 베테랑 기자들이 가장 공을 들이는 것이 바로 첫 문장입니다. 그들은 단 한 줄로 독자의 시선을 사로잡고, 이야기 속으로 자연스럽게 이끌어가는 기술을 완벽하게 습득했죠. 이 같은 기술은 효과적인 스피치에서도 핵심적인 역할을 합니다.
　필자가 실제 경험한 흥미로운 사례를 들려드리겠습니다. 한 세미나에서 이렇게 시작했습니다.

　"여러분, 10억, 100억 부자가 되기 위해서는 다른 사람의 도움이 있어야 합니다. 9억까지는 자신의 힘으로 가능하지만".
　또 다른 개업식에서는 이렇게 말했죠.
　"기원하겠습니다. 이 가게가 돈 세다 쓰러지게 하소서."

이처럼 강력한 리드(Lead)를 만들기 위해서는 인문학적 통찰력과 창의적 사고가 필수적입니다. 마치 뉴스 헤드라인처럼, 단 10초 안에 핵심 메시지를 전달하면서도 청중의 호기심을 자극해야 합니다.

효과적인 리드를 위한 핵심 전략은 다음과 같습니다.
- 첫 문장부터 청중의 시선을 사로잡으세요.
- 간결하고 명확한 메시지를 전달하세요.
- 적절한 긴장감과 호기심을 유발하세요.
- 흥미로운 일화나 위트 있는 표현을 활용하세요.
- 예상을 뛰어넘는 반전으로 놀라움을 선사하세요.

결국 뛰어난 리드는 청중과의 소통을 여는 황금 열쇠입니다. 첫 문장에서 청중의 마음을 사로잡을 수 있다면, 그 이후의 메시지는 자연스럽게 전달될 것입니다.

03
강연의 황금 구조 공식

인류 역사상 가장 영향력 있는 연설들은 단 10분 내외로 완성되었다는 사실, 알고 계셨나요?

링컨의 게티즈버그 연설 2분, 마틴 루터 킹의 'I have a dream' 17분, 스티브 잡스의 스탠포드 연설 15분!

이들이 세상을 바꾼 이유는 길이가 아닌 구조의 완벽함 때문이었습니다. 오늘날 우리의 주의 집중 시간은 더욱 짧아졌고, 가장 효과적인 스피치는 영화처럼 청중을 사로잡는 완벽한 10분으로 압축됩니다. 지금부터 여러분은 어떤 상황에서도 청중의 마음을 사로잡는 10분 스피치의 황금 비율을 배우게 될 것입니다.

효과적인 스피치는 영화와 같습니다. 도입부터 결말까지 청중의 관심을 꾸준히 유지해야 하죠. 특히 10분이라는 제한된 시간 안에 핵심 메시지를 전달하기 위해서는 치밀한 구성이 필요합니다.

10분 스피치의 완벽한 구조

1. 오프닝 임팩트 (1~2분)

- 청중의 시선을 사로잡는 강력한 도입
- 핵심 메시지와 연결되는 흥미로운 일화

2. 핵심 전개 (5~6분)

- 주제를 뒷받침하는 결정적 사례
- 청중과 공감대를 형성하는 스토리텔링

3. 피날레 (9~10분)

- 메시지를 강화하는 인상적인 마무리
- 실천 가능한 구체적 제안

임팩트 있는 도입부의 실제 사례

다음은 청중의 마음을 단번에 사로잡은 실제 연설의 도입부입니다.

"여러분, 인간이 가장 두려워하는 세 가지가 있습니다. 놀랍게도 이 순위는 수십 년간 변함이 없었죠. 1위는 '죽음', 3위는 '비행'입니다. 그렇다면 2위는 무엇일까요? 바로 '사람들 앞에서 말하기'입니다. 오늘 저는 여러분의 이 두 번째 두려움을 해결해드리고자 합니다."

마이클 잭슨은 옥스퍼드 대학 연설에서 이렇게 시작했습니다.
"사랑은 인간 가족의 가장 소중한 재산이며 귀중한 유산입니다. 세대를 넘어 전해지는 이 보물은 어떤 물질적 풍요로도 대체할 수 없습니다."

버락 오바마는 녹스 대학 연설에서 현대사회의 본질을 이렇게 짚었습니다.
"톰 프리드먼이 《세계는 평평하다》에서 지적했듯, 지난 10년간 기술과 세계화는 전례 없는 방식으로 결합했습니다. 토니 블레어의 말처럼 '재능이 21세기의 부'가 된 것이죠. 이제 실력만 있다면 어디서든 경쟁력을 가질 수 있습니다."

이처럼 강력한 도입부는 청중의 관심을 사로잡고, 이어질 메시지에 대한 기대감을 높입니다. 결국 스피치의 성공은 처음 몇 분에 달려있다고 해도 과언이 아닙니다.

04
청중을 사로잡는 골든타임, 90초의 마법

전문 연사들이 가장 공을 들이는 시간이 있습니다. 바로 발표 시작 후 첫 90초입니다. 특히 처음 3초, 10초, 그리고 90초는 청중의 관심을 사로잡는 결정적 순간이 됩니다. 이 시간 동안 청중과의 교감을 형성하지 못한다면, 이후의 내용이 아무리 뛰어나도 그 가치를 제대로 전달하기 어렵죠.

많은 연사들이 다음과 같은 진부한 도입부로 소중한 시간을 낭비합니다.

"안녕하세요. 오늘 발표를 맡은 홍길동입니다."

"성공 전략에 대해서 말씀드리도록 하겠습니다……."

이런 상투적인 도입은 청중의 기대감을 순식간에 무너뜨립니다. 대신 다음과 같은 전략으로 강력한 첫인상을 남겨보세요.

1. 과감하고 신선한 시작
- 예상을 뛰어넘는 도발적인 질문
- 흥미로운 통계나 사실
- 청중과 공감대를 형성하는 일화

2. 간결하고 임팩트 있는 구성
- 긴 감사 인사는 최소화
- 핵심 메시지를 담은 헤드라인
- 청중의 호기심을 자극하는 질문

특히 "알고 계십니까?"로 시작하는 질문은 강력한 도구가 될 수 있습니다. 예를 들어, "매년 18조 원어치의 백신이 접종된다는 사실, 알고 계십니까?" 이런 도입은 즉각적으로 청중의 주의를 집중시키고 후속 내용에 대한 기대감을 높입니다.

결국 성공적인 발표는 처음 90초를 어떻게 활용하느냐에 달려 있습니다. 이 골든타임을 놓치지 않는다면, 여러분의 메시지는 청중의 마음속에 깊이 각인될 것입니다.

05
시각적 스토리텔링의 힘

여러분은 몇 년 전 들었던 인상적인 연설을 아직도 생생하게 기억하시나요? 영화의 한 장면처럼 선명하게 떠오르는 그런 스피치 말입니다. 바로 이것이 시각적 스토리텔링의 힘입니다.

훌륭한 스피치는 타고나는 것이 아닙니다. 체계적인 준비와 연습을 통해 누구나 청중의 마음을 사로잡는 스피커가 될 수 있습니다. 제가 오랜 시간 연구하고 경험한 시각적 스토리텔링의 핵심 요소들을 나누고자 합니다.

먼저, 스피치의 시작이 가장 중요합니다. 첫 1분 30초 동안의 내용은 완벽하게 준비해야 합니다. 마치 배우가 첫 장면을 연습하듯, 시작이 자연스럽고 매끄러우면 이후의 흐름도 자신 있게 이어갈 수 있기 때문입니다.

스토리텔링의 핵심은 긴장감 있는 구조입니다. 마치 드라마처럼 이야기 중간 중간에 청중의 호기심을 자극하는 요소들을 배치하세요. 등장인물을 생생하게 묘사하고, 상황을 구체적으로 그려내면 청중은 자연스럽게 이야기에 몰입하게 됩니다.

특히 주목할 점은 '전략적 침묵'입니다. 적절한 순간 잠깐의 멈춤은 청중에게 생각할 여유를 주고, 다음 내용에 대한 기대감을 높여줍니다. "여러분은 어떻게 생각하시나요?"라는 질문과 함께 잠시 호흡을 고르는 것도 좋은 방법입니다.

카멜레온처럼 상황에 맞게 유연하게 변화하는 것도 중요합니다. 청중의 반응을 살피면서 때로는 계획했던 내용을 과감히 수정할 수도 있어야 합니다. 이러한 순발력은 다양한 주제에 대한 깊이 있는 지식과 끊임없는 실전 연습을 통해 길러집니다.

마지막으로, 풍부한 소재 발굴이 필수적입니다. 평소에 책을 읽고, 다양한 경험을 쌓으며, 주변의 이야기에 귀 기울이세요. 이런 준비가 있어야 청중의 상황과 관심사에 맞는 적절한 이야기를 끌어낼 수 있습니다.

진정한 소통은 단순한 정보 전달을 넘어 청중의 마음속에 깊이 남는 경험을 선사하는 것입니다. 체계적인 준비와 끊임없는 연습을 통해 여러분도 청중의 마음을 사로잡는 매력적인 스피커로 거듭날 수 있습니다.

06
중국 미인 이야기로 배우는 이미지 스피치 전략

오늘은 스피치에서 시각적 요소의 힘을 보여주는 흥미로운 예시를 함께 나눠보려고 합니다. 스토리보드라는 시각적 도구를 활용해 중국의 4대 미인 이야기를 들려드리겠습니다.

物고기

서시(西施)

첫 번째 장면에서는 물고기와 서시의 이야기가 펼쳐집니다. 전설에 따르면, 서시가 강가에서 빨래할 때면 물고기들이 그녀의 아름다움에 넋을 잃어 강물 속으로 숨어버렸다고 합니다. 이 한 장면으로 서시의 절세미인다운 미모가 생생하게 전달되지 않나요?

기러기
왕소군(王昭君)

두 번째 장면은 기러기와 왕소군입니다. 왕소군이 흉노족에게 시집갈 때, 하늘을 나는 기러기 떼가 그녀의 슬픈 피리 소리에 감동해 땅으로 떨어졌다고 합니다. 청중들은 이 장면을 통해 그녀의 아름다움과 음악적 재능, 그리고 비극적 운명을 한 번에 이해할 수 있습니다.

달(月)
초선(貂嬋)

세 번째 장면에서는 달빛 아래의 초선을 그립니다. 달빛처럼 청아하고 신비로운 그녀의 미모는 삼국시대를 뒤흔들었습니다. 이 이미지 하나로 초선의 매력이 한눈에 들어오지 않나요?

꽃
양귀비(楊貴妃)

마지막 장면은 꽃과 양귀비입니다. 봄날의 꽃처럼 화려하고 관능적인 양귀비의 아름다움은 당나라를 흔들어 놓았습니다. 이 시각적 상징을 통해 양귀비의 매혹적인 존재감이 더욱 강렬하게 전달됩니다.

이처럼 스토리보드는 단순한 그림 이상의 힘을 가집니다. 각각의 이미지는 이야기의 핵심을 담고 있으며, 청중의 마음속에 오래도록 남는 강렬한 인상을 남깁니다. 여러분의 다음 프레젠테이션에서도 이런 시각적 요소를 활용해보시는 건 어떨까요? 복잡한 내용도 단순한 이미지로 표현하면 청중은 더 쉽게 이해하고 오래 기억할 수 있습니다.

이제 여러분의 스피치에 시각적 요소를 어떻게 접목시킬지 구상해보시기 바랍니다. 말로만 전달하는 것보다, 청중의 눈과 마음을 동시에 사로잡을 때 여러분의 메시지는 더욱 강력해질 것입니다.

07
인생을 바꾸는 스피치의 힘

여러분, 우리의 말 한 마디가 누군가의 인생을 완전히 바꿀 수 있다는 사실, 알고 계시는가요? 오늘은 말의 놀라운 힘에 대한 이야기를 나누고 싶습니다.

2차 세계대전 시기, 혹한의 소련 수용소에서 있었던 실화를 들려드리겠습니다. 한 소년이 강제노역과 극심한 추위, 영양실조 속에서도 살아남을 수 있었던 이유는 단 한 문장 때문이었습니다. 헤어질 때 할머니가 남긴 "너는 반드시 돌아올 거야."라는 말이었죠. 이 한 마디는 죽음의 문턱에서도 소년의 생존 의지를 불태웠습니다.

우리 모두는 살면서 한 번쯤 누군가의 말 한 마디에 큰 위로를 받거나 인생의 전환점을 맞이한 경험이 있을 것입니다. 때로는 무심

코 던진 말이, 때로는 깊은 고민 끝에 전한 조언이 누군가의 삶을 송두리째 바꿔놓기도 합니다.

히브리어에 '아브라카 다브라'라는 말이 있습니다. "말하는 대로 된다."라는 뜻인데요. 이는 단순한 미신이 아닌, 말의 힘을 보여주는 오래된 지혜입니다. 우리가 하는 말은 현실이 되어 돌아온다는 것이죠.

여러분의 한 마디가 누군가에게는 희망이 되고, 용기가 되며, 때로는 삶을 지탱하는 힘이 된다는 사실을 기억하셨으면 합니다. 오늘 하루, 주변 사람들에게 건네는 말 한 마디 한 마디에 진심을 담아보는 건 어떨까요?

그리고 잊지 마세요. 여러분도 누군가의 한 마디로 인생이 바뀔 수 있습니다. 현명한 조언, 따뜻한 위로, 날카로운 통찰이 담긴 말에 귀 기울이다 보면 예상치 못한 순간에 인생의 전환점을 마주하게 될지도 모릅니다.

말의 힘은 실로 놀랍습니다. 여러분의 말 한 마디가 오늘도 누군가의 삶을 변화시키고 있을지 모릅니다. 그만큼 우리가 나누는 말 한 마디 한 마디가 소중하고 의미 있다는 것을 새삼 되새겨봅니다.

08 명언 한 줄로 마음을 움직이는 고수의 기술

고유 이름	나폴레옹 힐
메시지 (인용구)	말을 하기 전에 두 번 생각하라. 내 말이 누군가에게 성공의 씨앗이 될 수도 있지만, 반대로 실패의 씨앗이 될 수도 있다.
수식 문장	미국의 성공 철학자이며 동기부여가 나폴레옹 힐은 "~"라고 말했다.
실제 스피치	미국의 성공 철학자이며 동기부여가 나폴레옹 힐은 "말을 하기 전에 두 번 생각하라. 내 말이 누군가에게 성공의 씨앗이 될 수도 있지만, 반대로 실패의 씨앗이 될 수도 있다."라고 말했습니다.

고유 이름	피터 드러커
메시지	인간에게 있어서 가장 중요한 능력은 자기표현이며, 경영이나 관리는 커뮤니케이션에 의해서 좌우된다.

수식 문장 (인용구)	인간에게 있어서 가장 중요한 능력은 자기표현이며, 경영이나 관리는 커뮤니케이션에 의해서 좌우된다.
실제 스피치	현대 경영학의 아버지로 불리는 피터 드러커는 "인간에게 있어서 가장 중요한 능력은 자기표현이며, 경영이나 관리는 커뮤니케이션에 의해서 좌우된다."라고 말했습니다.

고유 이름	공자(孔子)
메시지	가까이 있는 사람을 기쁘게 하고 멀리서 사람이 찾아오게 하라.
수식 문장 (인용구)	2500년이 훨씬 지난 중국의 사상가 공자는 " "라는 가슴을 울리는 말을 남기었습니다.
실제 스피치	2500년이 훨씬 지난 중국의 사상가 공자(孔子)는 "가까이 있는 사람을 기쁘게 하고 멀리서 사람이 찾아오게 하라"라는 가슴을 울리는 말을 남기었습니다.

다음의 아래의 실제 명언 활용 스피치 내용을 분석하여 빈 양식에 채워 넣어보자.

"더 많이 주고, 더 많이 먹고, 더 많이 공유하는 것"이 국대떡볶이 김상현 대표의 성공철학이다. 즉, 머리 쓰지 말고 마음으로 사업을 하라는 것이다.

고유 이름	
메시지 (인용구)	
수식 문장	

실제 스피치

미국의 인디언들 사이에서 진리로 통하는 속담이 있는데, "같은 말을 2만 번 이상 반복해서 말하면, 그것은 현실이 된다."
이것이 반복의 법칙이 주는 결과물입니다.

평소 제가 좋아하는 "집고지도 이어금지유"(제14장: 執古之道, 以御今之有)라는 고전 글귀가 있습니다. 즉, '옛사람의 길을 파악하여 오늘의 있음을 다스린다.'는 노자의 말씀입니다.

한 사냥꾼이 30마리의 사냥개를 풀어 토끼를 잡으러 나갔습니다. 광활한 들판에서 30마리의 사냥개들은 한 마리의 토끼를 쫓아 마구 달렸습니다. 그런데 어느 시점이 지나자 29마리의 사냥개가 헉헉대고 쫓기를 포기하고 쓰러지기 시작했습니다. 단 한 마리의 사냥개만이 이미 숲속으로 들어가 보이지 않는 토끼를 쫓아 열심히 뛰어갈 뿐이었습니다.
왜 이런 일이 생긴 것일까요?
사실 포기해 버린 29마리의 사냥개들은 토끼를 직접 보고 달린 게 아니었습니다. 앞의 사냥개를 쫓아 덩달아 뛰었을 뿐이었습니다. 맨 먼저 달렸던 사냥개만 토끼를 직접 봤기 때문에 그 토끼를 잡아야 한다는 생각으로 끝까지 달릴 수 있었던 것입니다.

토끼를 발견한 사냥개가 끝까지 쫓아가듯이, 확고한 꿈을 품은 사람은 어떤 난관에도 중도에 쓰러짐이 없습니다. 반면에 꿈이 없는 사람은 작은 시련에도 쉽사리 포기해 버립니다. 같은 시련에 처해져도 꿈을 갖느냐, 안 갖느냐에 따라 결과는 전혀 딴판으로 갈리는 것입니다.

> 정치가이면서 최고의 과학자이자 저술가였던 벤저민 프랭클린은 이렇게 말했다. "독서는 정신적으로 충만해지게 하고, 사색은 사려 깊은 사람을 만듭니다. 그리고 논술은 확실한 사람을 만듭니다."

다음 아래의 실제 명언 활용 스피치 내용을 분석하여 빈 양식에 채워 넣어보자.

고유 이름	
메시지 (인용구)	
수식 문장	
실제 스피치	

고유 이름	
메시지 (인용구)	
수식 문장	
실제 스피치	

〈실전 실습〉

사람을 돋보이게 하는 한 줄 소개의 힘

이름: 김길동
직업: 공직과 교수로 활동

　내가 세상에서 가장 존경하며 공직과 교수로 활동하시는 김길동 교수님을 여러분 앞에 소개할 수 있는 영광을 갖게 되어 감사합니다.
　특히 김길동 교수님은 심리상담학에 있어서 최고의 상담가이십니다. 또한 인간적 신실하심이 가득하고 감성적 성품을 지니신 훌륭하신 교수님이십니다.

고유 이름	
메시지 (인용구)	
수식 문장	
실제 스피치	

〈실전 훈련〉

말의 세기를 높이는 훈련법

아마도 어휘 스피치는 국내에서 처음으로 가르치고 있지 않을까 싶습니다. 강도가 센 스피치는 어휘력에 달려있다 해도 과언이 아닙니다. 많은 어휘 능력을 갖추어야 적합한 어휘 스피치를 멋지고 유창하며 화려하게 잘할 수 있습니다. 좋고 신선하며 적합한 그리고 세련된 어휘력을 키우기 위해, 먼저 쓰고 소리 내어 읽습니다. 그리고 다양한 문장으로 활용해 봅니다. 종이에 쓰고 사용하면 현실이 됩니다. 내 것이 되며 사람들을 끌어들이는 마력이 됩니다.

중요하고 의미 있는 문장을 큰 소리로 반복하여 읽습니다. 여러 번 필사하고 마지막엔 앞을 보고 문장을 실감 나게 말합니다. 그리고 문장을 활용하여 완성도를 갖춘 문장으로 스피치합니다. 다음은 유창하고 정확한 발음으로 말하는 훈련 요령입니다.

> (A와 B)가 합심하여 야심 차게 준비한
> (A와 B)가 합심하여 야심 차게 준비한
> (A와 B)가 합심하여 야심 차게 준비한

활용 문장

(A와 B)가 합심하여 야심 차게 준비한 (가을의 운동회입니다.)

> 21세기는 세계화, 정보화, 그리고 개방화의 사회입니다.
> 21세기는 세계화, 정보화, 그리고 개방화의 사회입니다.
> 21세기는 세계화, 정보화, 그리고 개방화의 사회입니다.

활용 문장

21세기는 세계화, 정보화, 그리고 개방화의 사회입니다. (따라서 제4차 산업혁명의 기술을 활용한 창조적 경제를 발휘해야 합니다.)

중국의 춘추전국시대
_____

폐쇄된 사고, 시대에 뒤떨어진 지식은
_____

진정으로 내가 변해야 기업, 사회, 국가가 변할 수 있다.
_____

빠르게 급변하는 경영 환경과 글로벌 경제 여건 속에서
_____

각계각층의 리더분들과 교류도 넓혀 가야 합니다.
_____

확언하건대,
_____

새로운 패러다임
_____

실전에 유익하고 경쟁력 있는
_____

차별화되고 특화된
_____

활용 문장

차별화되고 특화된 (국내 유일의 교육 프로그램입니다.)

쾌재를 부른다.
인문학적 지식을 갖추면 쾌재를 부른다.
누구든 비즈니스에서 인문학적 지식을 갖추면 쾌재를 부른다.

맘껏 꿈꾸고	쥐어짜는
거창한 목표	머리를 쥐어짜는
괜찮다	움츠러들지 마라
만끽하라.	너무 많이 움츠러들지 마라
자유를 만끽하라.	격조 높다는 〈타임지〉도
뿌듯한 감격	꼼꼼히 뜯어보는 과정
심지어	옳고 그름이 없다
초점	거듭하다 보면 길이 보인다.
단도직입적인	
통째로	

꿈조차 꾸어볼 수 없었던 물질적인 지원, 만남, 예측하지 못했던 사건 등이 일어났다.

물건을 발로 차고 소리를 꽥꽥 지르는 아이가 된 듯하다.

조우하다 / 새로운 세계와 조우하다.
기우였다 / 걱정은 단순히 기우였다.
방편이었다 / 길들이기 위한 방편이었다.
반추하다 / 탐색하고 반추하는 능력.
도리가 없었다 / 필요한 것들을 해주는 것밖에는 달리 도리가 없었다.

불어넣어주었다 / 다시 활기를 불어넣어주었다.

명성을 지니고 있었다 / 세계적인 명성을 지니고 있었다.

용이해질 것이다 / 그러면 무역이 더 용이해질 것이다.

눈에 띄었다 / 문제로 산란해진 대중의 모습만이 눈에 띄었다.

영향을 주었다 / 자신의 직업적인 삶까지 영향을 주었다.

[3장]

타고난 재능을 이긴 훈련-
말의 기적을 만든 사람들

01
약점을 무기로 바꾼 스피커:
데모스테네스의 반전 인생

데모스테네스의 놀라운 도전 이야기

여러분은 자신의 약점을 극복하기 위해 얼마나 노력해보셨나요? 오늘은 말더듬이라는 치명적인 약점을 가진 청년이 고대 그리스 최고의 웅변가가 되기까지의 놀라운 여정을 함께 살펴보겠습니다.

기원전 4세기, 아테네의 젊은이 데모스테네스는 처음 연단에 올랐을 때 청중들의 비웃음을 샀습니다. 그의 스피치에는 세 가지 큰 문제가 있었죠. 숨이 가빠 말이 끊기고, 더듬거리는 언변에, 긴장할 때마다 어깨가 불편하게 들썩였습니다. 누구라도 포기했을 법한 순간이었습니다.

하지만 데모스테네스는 달랐습니다. 친구의 조언을 받아들인 그는 자신만의 특별한 훈련법을 개발했습니다.

첫째, 거울 앞에서 자세 교정 훈련을 했습니다. 큰 거울을 산속에 설치하고 손동작, 발의 위치, 표정 하나하나를 완벽하게 다듬었죠.

둘째, 파도 소리와 겨루는 발성 훈련을 시작했습니다. 거친 바다 앞에서 파도 소리보다 더 크게 외치며 목소리의 힘을 키웠습니다.

셋째, 혀 밑에 조약돌을 물고 말하는 훈련을 했습니다. 이는 발음을 정확하게 하기 위한 것이었죠.

마지막으로, 어깨에 날카로운 칼을 걸어두고 연설 연습을 했습니다. 긴장할 때마다 올라가는 어깨를 교정하기 위해서였습니다.

이러한 독특하고 혹독한 훈련 덕분에 데모스테네스는 마침내 그리스 최고의 웅변가가 되었습니다. 그의 연설 기법은 2000년이 지난 지금까지도 전설로 남아 연구되고 있죠.

데모스테네스의 이야기가 우리에게 주는 교훈은 명확합니다. 타고난 재능보다 중요한 것은 끊임없는 노력과 훈련입니다. '연습벌레'라는 그의 별명이 이를 잘 보여주죠.

여러분도 스피치나 프레젠테이션에서 어려움을 겪고 계시는 가요? 데모스테네스처럼 자신만의 훈련 방법을 찾아보세요. 그리고 끊임없이 연습하세요. 불가능해 보이는 일도 꾸준한 노력 앞에서는 반드시 가능해진다는 것을 데모스테네스는 우리에게 증명해 보였습니다.

"성공은 재능이 아닌 준비된 자의 것이다."라는 말처럼, 여러분의 꾸준한 노력이 언젠가는 반드시 빛을 발할 것입니다.

'불가능'을 무너뜨린 데모스테네스의 극복 스토리

여러분은 '불가능'이라는 단어를 어떻게 정의하시나요? 데모스테네스의 이야기는 우리가 생각하는 '불가능'의 경계를 완전히 허물어버렸습니다.

고대 그리스의 전설적 웅변가 데모스테네스. 그의 연설은 청중의 영혼을 뒤흔들었다고 합니다. 하지만 놀랍게도 그는 태생적 말더듬이였습니다. 숨이 차서 긴 문장을 한 번에 말하기도 힘들었고, 발음하지 못하는 단어도 많았죠.

더구나 그의 인생은 순탄치 않았습니다. 일곱 살에 고아가 되었고, 후견인들은 그의 유산을 횡령했습니다. 하지만 이런 역경이 오히려 그를 위대한 웅변가로 만드는 발판이 되었죠. 빼앗긴 재산을 되찾기 위해 웅변술을 배우기 시작한 것입니다.

그의 훈련 방식은 지금 들어도 놀랍습니다.
- 체력과 호흡 단련을 위해 매일 산을 오르며 연설 연습
- 어깨 움직임 교정을 위해 천장에 날카로운 칼을 매달아두고 훈련
- 집중력 향상을 위해 지하 창고에서 독서 삼매경
- 외출 유혹을 이기기 위해 수염과 머리카락의 반을 밀어버리는 극단적 선택

이런 혹독한 자기 훈련을 통해 그는 마침내 아테네의 10대 웅변가가 되었습니다. 더 나아가 마케도니아의 침공 앞에서 "아테네 시민이여 일어나라."는 명연설로 시민들을 하나로 모으는 정치적 지도자로 성장했죠.

데모스테네스의 이야기는 우리에게 중요한 메시지를 전합니다. 타고난 재능이 없다고, 약점이 있다고 포기하지 마세요. 진정한 성공은 끊임없는 노력과 치열한 자기 혁신에서 시작됩니다.

여러분도 지금 소통의 어려움을 겪고 계시는가요? 데모스테네스처럼 자신만의 방식으로 한계를 뛰어넘어 보세요. 불가능해 보이는 일도 열정과 끈기 앞에서는 반드시 가능해집니다.

"재능은 노력을 이길 수 없고, 노력은 훈련을 이길 수 없다."라는 말처럼, 여러분의 꾸준한 노력과 체계적인 훈련이 언젠가는 반드시 빛을 발할 것입니다.

02
지금 당장 따라 할 수 있는
6가지 훈련법

안녕하세요, 소통 전문가입니다. 오늘은 말더듬이에서 세계 최고의 웅변가가 된 데모스테네스의 구체적인 훈련법을 통해, 여러분도 실천할 수 있는 효과적인 스피치 훈련법을 알려드리고자 합니다.

'뛰어난 스피커는 타고나는 것이 아니라 만들어진다.'

이 문장을 기억하시나요? 웹스터 클레이트는 연습 상대가 없어 가축들을 청중 삼아 연습했고, 저 역시 산속 소나무를 청중 삼아 연설 연습을 했던 기억이 있습니다. 이처럼 진정한 소통 전문가가 되는 길에는 지름길이 없습니다.

데모스테네스의 검증된 6가지 훈련법을 함께 살펴보겠습니다.

1. 정확한 발음 훈련

- 과거: 돌멩이를 입에 물고 연습
- 현대식 응용: 볼펜이나 젓가락을 활용한 발음 교정
- 효과: 명확한 발음과 정확한 발성 습득

2. 호흡 강화 훈련

- 언덕을 오르며 시를 낭독하는 복합 훈련
- 효과: 안정적인 복식호흡 습득
- 현대적 적용: 계단을 오르며 발표 연습하기

3. 거울 활용 제스처 훈련

- 자신의 몸짓을 객관적으로 관찰
- 시선, 손동작, 자세 등 종합적 점검
- 현대적 적용: 동영상 촬영 피드백

4. 잘못된 습관 교정

- 데모스테네스의 극단적 방법: 칼날 아래 연습
- 현대적 적용: 녹화 분석을 통한 습관 교정
- 중요 포인트: 자신의 문제점 파악과 개선

5. 지식 확장 훈련

- 꾸준한 독서와 학습으로 콘텐츠 확보
- 소리 내어 읽기로 발성 동시 훈련
- 현대적 적용: 팟캐스트 제작, 오디오북 낭독

6. 집중 훈련

- 데모스테네스의 극단적 선택: 머리카락 반쪽 자르기
- 현대적 적용: 정해진 시간 스피치 연습에만 집중
- 반복 학습의 중요성: 좋은 콘텐츠 여러 번 암기하고 연습

이런 체계적인 훈련이 어렵게 느껴지시나요? 하지만 생각해보세요. 말더듬이였던 데모스테네스도 해냈습니다. 우리에겐 그보다 훨씬 좋은 환경과 도구들이 있습니다.

중요한 것은 시작입니다. 오늘부터 하나씩 실천해보세요. 매일 10분이라도 좋습니다. 꾸준한 노력이 쌓이면 어느새 여러분도 청중을 사로잡는 매력적인 스피커가 되어 있을 것입니다.

'최고의 스피치는 99%의 준비와 1%의 재능으로 만들어집니다.'
여러분의 도전을 응원합니다.

03
부끄러움을 넘어선 훈련법의 진수

여러분, 혹시 발표나 프레젠테이션 때문에 밤잠을 설치신 적 있으신가요? 오늘은 그 두려움을 극복하고 자신 넘치는 스피커가 되는 특별한 방법을 소개해드리겠습니다.

'철면피(鐵面皮)'라는 말을 들어보셨나요? 쇠로 만든 얼굴이라는 뜻으로, 부끄러움을 모른다는 의미입니다. 하지만 오늘은 이 단어를 긍정적으로 재해석해보려 합니다. 뛰어난 스피커가 되기 위해 필요한 '당당한 자신감'이라고 말이죠.

현재 최고의 연설가로 꼽히는 사람들도 처음부터 뛰어난 것은 아니었습니다. 그들의 성공 비결은 바로 '부끄러움을 이기는 용기'였습니다. 어떻게 하면 이런 용기를 기를 수 있을까요?

첫째, 일상에서의 끊임없는 연습
- 식사할 때도, 산책할 때도 스피치 연습
- 거울 앞에서 혼자 말하기
- 일상적인 대화를 프레젠테이션처럼 구성해보기

둘째, 감정과 어조의 다양화
- 강조가 필요한 부분 파악하기
- 냉소, 열정, 공감 등 다양한 톤 연습
- 속도와 크기의 변화 훈련

셋째, 철저한 준비와 반복
영국의 유명 웅변가 블루햄의 사례를 보겠습니다. 그는 중요한 연설을 앞두고 데모스테네스의 연설문을 20번 이상 베껴 썼다고 합니다. 그 결과, 예상을 뛰어넘는 큰 성공을 거두었죠.

실전 팁

1. 처음에는 준비한 내용을 그대로 말하는 연습부터 시작하세요.
2. 점차 즉흥적인 요소를 추가해보세요.
3. 실수를 두려워하지 마세요, 그것도 훈련의 일부입니다.
4. 청중의 반응에 너무 민감해지지 마세요. 완벽한 스피치는 없습니다. 하지만 완벽한 준비는 있습니다.

기억하세요. 스피치 실력은 타고나는 것이 아닙니다. 체계적인 훈련과 꾸준한 연습으로 만들어지는 것이죠. 마치 운동선수가 시합을 위해 매일 훈련하듯, 스피치도 일상적인 훈련이 필요합니다.

여러분도 지금부터 시작해보세요. 처음에는 어색하고 부끄러울 수 있습니다. 하지만 그 부끄러움을 이겨낼 때, 비로소 진정한 스피커로 거듭날 수 있습니다.
"두려움은 준비로 극복하고, 자신감은 연습으로 채워진다."
이 말을 기억하면서, 오늘부터 여러분만의 '철면피 트레이닝'을 시작해보는 건 어떨까요?

04
커뮤니케이션의 핵심 체크리스트

우리는 일상에서 끊임없이 소통합니다. 회의실에서, 고객과의 미팅에서, 또는 팀 프레젠테이션에서, 우리의 메시지가 얼마나 효과적으로 전달되는지가 성공의 핵심이 되곤 합니다.

전설적인 연설가 데모스테네스가 강조했던 것처럼, 뛰어난 커뮤니케이션의 핵심은 '태도'에 있습니다. 단순히 내용만이 아닌, 어떻게 전달하느냐가 청중의 마음을 움직이는 결정적 요소가 됩니다.

전문적인 커뮤니케이터가 되기 위한 첫걸음은 자신의 현재 습관을 객관적으로 파악하는 것입니다. 다음은 전문가들이 주목하는 주요 커뮤니케이션 체크포인트입니다.

음성 전달력

- 문장의 시작과 끝이 명확한가? 특히 결론 부분에서 힘이 빠지지는 않는가?
- "음……", "그러니까……", "저기……" 등의 불필요한 간투사를 습관적으로 사용하지는 않는가?
- 속도, 톤, 강약의 변화를 적절히 활용하고 있는가?

비언어적 커뮤니케이션

- 메시지의 감정과 의도가 표정을 통해 자연스럽게 전달되는가?
- 시선 처리와 제스처가 자연스럽고 효과적인가?
- 자신 있는 보디랭귀지를 보여주고 있는가?

준비와 전달력

- 즉흥적인 상황에서도 핵심 메시지를 명확히 전달할 수 있는가?
- 긴장 상황에서도 안정적인 목소리와 태도를 유지할 수 있는가?

이러한 요소들은 단순한 체크리스트가 아닌, 전문적인 커뮤니케이터로 성장하기 위한 발전 지표입니다. 좋은 소식은 이 모든 것이 체계적인 훈련을 통해 개선될 수 있다는 점입니다.

효과적인 커뮤니케이션은 더 이상 선택이 아닌 필수 역량이 된 시대입니다. 자신의 현재 위치를 정확히 파악하고, 꾸준한 연습과 피드백을 통해 발전시켜 나간다면, 누구나 영향력 있는 커뮤니케이터로 성장할 수 있습니다.

실전에서는 이러한 요소들을 하나씩 의식하면서 연습하되, 궁극적으로는 자연스러운 자신만의 스타일로 통합해내는 것이 중요합니다. 전문성과 진정성이 조화를 이룰 때, 비로소 청중의 마음을 움직이는 진정한 소통이 가능해질 것입니다.

[4장]

말하기의 본질을 꿰뚫는
다독·다연·다견의 기술

01
리더를 위한 스피치의 본질

오늘날 비즈니스 환경에서 가장 주목받는 역량 중 하나는 바로 효과적인 커뮤니케이션 능력입니다. 단순한 말하기 기술을 넘어, 청중과 진정한 교감을 나누는 능력은 현대 리더의 필수 요소가 되었습니다.

진정성 있는 스피치의 본질

진정한 스피치의 힘은 실제 경험과 깊이 있는 이해에서 비롯됩니다. 자신의 실제 경험, 전문 분야에 대한 통찰, 그리고 깊이 있는 지식을 바탕으로 할 때, 우리의 메시지는 자연스럽게 설득력을 갖게 됩니다. 이는 단순히 말을 잘하는 것이 아닌, 진정성 있는 커뮤니케이선의 핵심입니다.

효과적인 전달의 요소

- 명확한 메시지: 한 번에 하나의 핵심 아이디어에 집중
- 감정의 전달: 적절한 음성 톤과 강약의 조절
- 체계적 구성: 논리적이고 청중이 따라올 수 있는 흐름
- 진정성 있는 열정: 주제에 대한 깊은 이해와 공감

디지털 시대의 스피치

SNS, 화상회의, 온라인 프레젠테이션 등 커뮤니케이션 채널이 다양해진 현재, 효과적인 스피치 능력의 중요성은 더욱 커지고 있습니다. 이는 단순한 정보 전달을 넘어, 감성과 공감을 포함한 총체적 커뮤니케이션 능력을 요구합니다.

실천적 접근

뛰어난 커뮤니케이터가 되는 것은 하루아침에 이루어지지 않습니다. 다음과 같은 체계적인 접근이 필요합니다.

1. 지속적인 학습 (多讀)

- 다양한 분야의 지식 습득
- 최신 트렌드와 정보 업데이트

- 청중에 대한 이해 심화

2. 실전 경험 (多演)
- 다양한 상황에서의 발표 기회 확보
- 피드백을 통한 지속적 개선
- 실수를 통한 학습과 성장

3. 관찰과 분석 (多見)
- 성공적인 연사들의 스피치 연구
- 다양한 커뮤니케이션 스타일 분석
- 청중 반응에 대한 민감한 관찰

현대 사회에서 효과적인 커뮤니케이션 능력은 선택이 아닌 필수입니다. 이는 단순한 말하기 기술을 넘어, 리더십의 핵심 요소이자 개인의 경쟁력을 결정짓는 중요한 역량입니다. 꾸준한 훈련과 실천을 통해, 누구나 영향력 있는 커뮤니케이터로 성장할 수 있습니다.

02
얼굴이 먼저 전하는 메시지

우리는 흔히 "첫인상이 중요하다."라는 말을 합니다. 실제로 비즈니스 현장에서나 일상적인 인간관계에서 가장 먼저 전달되는 메시지는 바로 표정입니다. 연구에 따르면, 사람들은 상대방을 처음 만난 순간부터 7초 이내에 호감도를 결정한다고 합니다.

효과적인 표정 관리의 세 가지 핵심

1. 진정성 있는 미소
- 진심이 담긴 자연스러운 미소는 눈가의 주름(듀센 스마일)으로 확인됩니다.
- 상황에 적절한 표정 강도 조절이 필요합니다.
- 과도한 미소는 오히려 신뢰도를 떨어뜨릴 수 있습니다.

2. 적극적인 경청 표정

- 상대방의 이야기에 집중하고 있다는 신호를 보내세요.
- 적절한 고개 끄덕임과 눈맞춤을 유지하세요.
- 자연스러운 반응 표정으로 공감을 표현하세요.

3. 열린 표정의 실천

- 눈썹을 자연스럽게 펴고 이마의 긴장을 풀어줍니다.
- 입꼬리는 살짝 올라간 상태를 유지합니다.
- 턱의 긴장을 풀어 전체적으로 부드러운 인상을 만듭니다.

부정적 표정의 영향

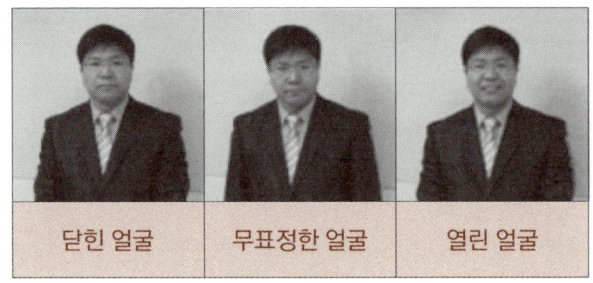

피해야 할 표정들

- 찡그린 얼굴: 불신과 거부감을 줄 수 있습니다.
- 무표정: 무관심과 냉담함으로 해석될 수 있습니다.

- 과도한 긴장감: 자신감 부족으로 보일 수 있습니다.

실전 커뮤니케이션을 위한 표정 관리 팁

1. 거울 연습

- 매일 아침 5분간 자연스러운 미소 연습
- 프레젠테이션 전 표정 점검
- 화상회의 시 셀프 뷰 모니터링

2. 피드백 활용

- 신뢰할 수 있는 동료나 멘토에게 피드백 요청
- 발표 영상 녹화 후 자가 분석
- 전문가의 코칭 활용

3. 상황별 표정 연습

- 긍정적 피드백 시의 반응
- 어려운 질문을 받았을 때의 표정
- 갈등 상황에서의 중립적 표정

표정 관리는 단순한 외적 스킬이 아닌, 진정성 있는 커뮤니케이션의 기본입니다. 자신의 진심을 효과적으로 전달하고 상대방과 신뢰 관계를 구축하는 데 있어 필수적인 요소입니다.

지속적인 연습과 피드백을 통해 자연스러운 열린 표정을 만들어가세요. 이는 단순히 비즈니스 성공을 위한 도구가 아닌, 더 효과적이고 의미 있는 인간관계를 만들어가는 기반이 될 것입니다.

〈실전 표정 훈련하기〉 좋은 호감형 표정 만들기

자연스러운 연기를 하기 위해서는 수많은 연습이 필요하다. 그래서 마크 트웨인은 '나는 즉흥 연설을 위해 3주를 준비한다'.라고 말했다. 그것이 무엇이든 자연스럽게 보이기 위해서는 많은 연습이 필요하다. 좋은 표정 역시 철저한 준비와 연습에 의한 결과이다.

1) 거울을 본다.
2) 씨익~ 미소를 짓는다. 눈썹을 약간 위로 올린다.
3) 거울을 보면서 따스하고 자연스러운 표정을 짓는다. 그리고 눈을 크게 뜨고 광채를 낸다.
4) 둘씩 짝을 지어 열린 얼굴을 연습해본다.
5) 열린 얼굴에서 인사를 한다. "안녕하세요.", "반갑습니다."

03
스피치 근육을 키우는
세 가지 훈련법

현대 사회에서 뛰어난 커뮤니케이션 능력은 선택이 아닌 필수가 되었습니다. 프레젠테이션, 비즈니스 미팅, 팀 리딩 등 다양한 상황에서 효과적인 의사소통 능력이 성공의 핵심 요소로 자리 잡았습니다. 여기 전문가들이 검증한 세 가지 핵심 훈련법을 소개합니다.

지식의 축적 (多讀, 다독)

- 다양한 분야의 전문 서적과 아티클 탐독
- 최신 트렌드와 산업 동향 파악
- TED 강연, 팟캐스트 등 다양한 매체 활용
- 인문학적 소양 개발을 통한 통찰력 확보

실전 연습 (多演, 다연)

- 거울 앞 스피치 연습
- 동료들과의 피드백 세션
- 소규모 미팅에서 시작해 점진적 규모 확대
- 다양한 상황별 시나리오 연습

전략적 관찰 (多見, 다견)

- 성공적인 리더들의 커뮤니케이션 스타일 분석
- 효과적인 제스처와 음성 활용법 학습
- 청중 반응에 따른 화법 조정 방식 습득
- 상황별 최적의 커뮤니케이션 전략 파악

실전 적용을 위한 4단계 접근법

Step 1: 체계적 연습

- 핵심 메시지 구조화
- 상황별 스크립트 준비
- 시간 관리 연습

Step 2: 지속적 훈련

- 일상적 대화에서도 의식적 연습
- 피드백 수용과 개선점 도출

- 강점 개발에 집중

Step 3: 반복 숙달
- 주요 프레젠테이션 내용 완벽 숙지
- 즉흥 대응력 향상
- 자연스러운 전달력 개발

Step 4: 내재화
- 개인만의 스타일 확립
- 상황별 유연한 대응력 구축
- 진정성 있는 커뮤니케이션 실현

이러한 체계적 접근법은 단순한 스피치 기술 향상을 넘어, 진정한 커뮤니케이션 전문가로 성장하는 토대가 됩니다. 꾸준한 실천을 통해 자연스럽고 설득력 있는 커뮤니케이션 능력을 개발할 수 있습니다.

핵심은 지속적인 학습과 실천입니다. 하루아침에 달인이 될 수는 없지만, 체계적인 접근과 꾸준한 노력을 통해 누구나 효과적인 커뮤니케이터로 성장할 수 있습니다. 이는 단순한 스킬이 아닌, 현대 사회에서 필수적인 경쟁력이 될 것입니다.

04
신뢰를 만드는 보이지 않는 언어

완벽한 스피치를 추구하다 보면 오히려 자연스러움을 잃기 쉽습니다. 진정한 커뮤니케이션의 달인들은 마치 일상적인 대화를 나누듯 자연스럽게 청중과 소통합니다. 여기 자연스러운 스피치를 위한 실전 가이드를 소개합니다.

즉흥성의 힘을 활용하기

1. 자연스러운 대화형 접근
- 청중과 편안한 대화를 나누듯 접근
- 과도한 격식보다는 진정성에 중점
- 상황에 따른 유연한 내용 조절

2. 원고 의존도 줄이기

- 핵심 포인트만 메모하고 자연스럽게 확장
- 청중의 반응에 따른 즉각적 대응
- 개인의 경험과 통찰을 자유롭게 공유

역동적 전달을 위한 테크닉

1. 리듬과 템포 관리

- 강약의 적절한 조절
- 의도적인 휴지(pause) 활용
- 음성 톤의 다양한 변화

2. 인터랙티브 요소 활용

- 적절한 질문으로 청중 참여 유도
- 상황에 맞는 제스처 활용
- 아이 콘택트를 통한 소통 강화

실전 훈련 방법

1. 일상적 연습

- 일상 대화에서도 의식적인 스피치 연습
- 다양한 주제로 즉흥 스피치 시도
- 거울 앞 연습을 통한 자연스러움 개발

2. 그룹 훈련 활용

- 피어 그룹과의 정기적 연습
- 상호 피드백을 통한 개선점 발견
- 다양한 청중 상황 시뮬레이션

3. 감정선 관리

- 고조와 이완의 적절한 배분
- 청중의 감정적 동조 유도
- 스토리텔링을 통한 공감대 형성

이러한 자연스러운 스피치 방식은 단순한 정보 전달을 넘어, 청중과의 진정한 교감을 가능하게 합니다. 완벽한 원고나 형식적인 전달보다는, 진정성 있는 소통이 더 큰 영향력을 발휘할 수 있습니다.

기억하세요: 훌륭한 스피치는 청중과의 진정한 대화에서 시작됩니다. 과도한 부담감을 내려놓고, 자연스러운 소통을 통해 더 효과적인 메시지 전달이 가능해집니다.

05
간결함의 미학

현대 비즈니스 환경에서 가장 주목받는 커뮤니케이터들의 공통점은 명확하고 간결한 메시지 전달 능력입니다. 특히 디지털 시대의 청중들은 핵심적이고 임팩트 있는 커뮤니케이션을 선호하며, 이는 비즈니스 현장에서 더욱 두드러지게 나타납니다.

메시지의 임팩트를 극대화하는 전달 방식

효과적인 커뮤니케이션의 핵심은 단순히 짧은 시간 내 많은 정보를 전달하는 것이 아닙니다. 청중의 관심과 집중을 유지하면서 핵심 메시지를 효과적으로 전달하는 것이 관건입니다. 이를 위해서는 다음과 같은 요소들이 조화롭게 갖춰져야 합니다.

음성의 활용

강하고 생동감 있는 목소리는 메시지의 설득력을 높입니다. 단조로운 톤이 아닌, 상황과 내용에 맞는 적절한 성량과 톤의 변화가 필요합니다. 특히 핵심 포인트를 강조할 때는 의도적인 강약 조절이 효과적입니다.

감정적 교감의 중요성

전문적인 내용이라 하더라도, 청중과의 감정적 교감은 필수적입니다. 단순한 정보 전달을 넘어, 청중이 공감할 수 있는 맥락과 스토리를 제공함으로써 메시지의 흡수력을 높일 수 있습니다.

전문가다운 이미지 메이킹

전달하고자 하는 메시지만큼이나 중요한 것이 전달자의 이미지입니다. 단정하고 프로페셔널한 외모, 자신 있는 태도, 그리고 밝은 표정은 메시지의 신뢰도를 높이는 중요한 요소가 됩니다.

실행을 위한 구체적 전략

1. 핵심 메시지 구조화
- 전달하고자 하는 핵심 포인트를 2~3개로 제한
- 각 포인트를 뒷받침하는 구체적 예시 준비

- 청중의 관심사와 연계한 내용 구성

2. 시간 관리의 효율화

- 전체 발표 시간의 80% 내에서 핵심 내용 전달
- 질의응답과 토론을 위한 여유 시간 확보
- 핵심 메시지별 시간 배분 계획 수립

3. 청중 집중도 관리

- 15분 단위로 청중의 관심을 환기시키는 요소 포함
- 적절한 사례와 비유를 통한 이해도 제고
- 상호작용적 요소를 통한 참여 유도

이러한 전략적 접근을 통해, 간결하면서도 임팩트 있는 커뮤니케이션이 가능해집니다. 특히 현대 비즈니스 환경에서는 이러한 효율적인 커뮤니케이션 능력이 핵심 경쟁력으로 자리 잡고 있습니다.

06
리듬과 톤의 예술

전문적인 커뮤니케이션에서 '어떻게 말하는가'는 '무엇을 말하는가'만큼이나 중요합니다. 특히 현대의 비즈니스 환경에서는 메시지의 전달력을 극대화하기 위한 음성 활용 기술이 핵심 역량으로 부각되고 있습니다.

음성의 다이내믹스

프로페셔널한 스피치의 핵심은 단순한 정보 전달을 넘어, 청중의 감정과 관심을 사로잡는 음성의 다이내믹한 활용에 있습니다. 이는 다음과 같은 요소들의 전략적 조합을 통해 실현됩니다:

1. 리듬의 전략적 활용
- 핵심 메시지에서의 의도적인 속도 조절

- 문장 간 적절한 휴지(pause)의 배치
- 강조점에 따른 템포의 변화

2. 음성의 변주

- 중요 단어나 문구에 대한 액센트 부여
- 문장의 끝맺음을 위한 톤의 변화
- 감정 전달을 위한 음색의 조절

3. 에너지 레벨 관리

- 고조와 이완의 균형 있는 배분
- 청중의 집중도에 따른 에너지 조절
- 메시지의 중요도에 따른 강약 조절

실전 적용 기법

효과적인 음성 활용을 위한 구체적인 실행 전략입니다.

시작과 도입

"안녕하세요, 홍길동입니다."라는 간단한 인사말에서도 다음과 같은 요소들을 고려합니다.

- 첫인사의 밝고 경쾌한 톤
- 이름 소개 시의 명확한 발음과 적절한 휴지

- 청중과의 아이 콘택트를 동반한 자신 있는 음성

전개와 강조
- 핵심 포인트 전달 시 의도적인 속도 조절
- 중요 개념이나 수치 언급 시 특별한 강세 부여
- 청중의 반응을 고려한 유동적인 리듬 조절

마무리와 정리
- 결론 부분에서의 확실한 음성 처리
- 핵심 메시지 재강조를 위한 전략적 휴지
- 청중의 기억에 남을 수 있는 임팩트 있는 종결

이러한 음성 활용 기술은 단순한 기교가 아닌, 메시지의 효과적 전달을 위한 전략적 도구입니다. 지속적인 훈련과 피드백을 통해, 자연스러우면서도 전문적인 음성 활용 능력을 개발할 수 있습니다. 이는 결과적으로 청중과의 더 깊은 교감과 효과적인 메시지 전달로 이어질 것입니다

07
임팩트 있는 메시지의 핵심 전략

우리는 종종 장시간의 프레젠테이션이나 긴 연설에 압도되곤 합니다. 하지만 실제로 청중의 주의를 사로잡고 메시지를 효과적으로 전달하는 데에는 단 3분이면 충분합니다. 전문가들은 첫인상이 형성되는 결정적 순간이 3초, 30초, 그리고 3분이라고 말합니다.

3분 스피치의 성공 비결은 다음과 같은 체계적인 접근에 있습니다.

기본기 마련

- 명확한 메시지 구조화
- 핵심 포인트 정리
- 청중 분석을 통한 맞춤형 콘텐츠 준비

실전 연습

- 거울 앞 리허설
- 음성 녹음을 통한 자가 피드백
- 시간 배분 연습

실전 경험 축적

- 소규모 그룹부터 시작
- 다양한 상황에서의 발표 기회 확보
- 피드백 수용과 개선

이러한 과정을 통해 얻어지는 자신감은 자연스럽게 더 긴 시간의 스피치로 확장됩니다. 3분이라는 시간은 한 개의 핵심 메시지를 전달하기에 최적의 길이이며, 이를 기본 단위로 6분, 12분으로 확장해 나갈 수 있습니다.

특히 직장인들의 경우, 회의나 프레젠테이션에서 핵심을 전달하는 3분의 시간을 효과적으로 활용하는 것이 중요합니다. 매일 아침 팀 미팅에서의 3분 업무 보고부터 시작해보세요. 이러한 일상적인 훈련이 쌓이면 중요한 순간의 프레젠테이션도 자신감 있게 해낼 수 있습니다.

결론적으로, 3분 스피치는 단순한 시간의 개념이 아닌 효과적인 커뮤니케이션의 기본 단위입니다. 이를 마스터하면 어떠한 길이의 발표도 자신감 있게 수행할 수 있는 탄탄한 기반이 될 것입니다.

성공적인 커뮤니케이션의 핵심 기술

당신의 눈은 말보다 더 많은 이야기를 하고 있다는 사실을 알고 계셨나요? 심리학자들의 연구에 따르면, 대화 중 우리가 전달하는 메시지의 55%는 표정과 시선에서 비롯됩니다. 윈스턴 처칠부터 오프라 윈프리까지, 역사상 가장 영향력 있는 커뮤니케이터들은 모두 강력한 시선 관리의 달인이었습니다. 그런데 대부분의 사람들이 프레젠테이션에서 가장 두려워하는 것이 바로 청중과의 눈 맞춤이라는 아이러니한 현실이 있습니다. 오늘, 여러분은 이 두려움을 자신감으로 바꾸는 시선 관리의 실질적인 비밀을 배우게 될 것입니다.

대면 커뮤니케이션에서 가장 큰 도전은 종종 시선 처리입니다. 청중의 시선이 집중될 때 느끼는 긴장감은 자연스러운 반응이지만, 이를 효과적으로 관리하는 것이 프로페셔널한 커뮤니케이터로 성장하는 핵심 요소입니다.

효과적인 시선 관리 전략

1. 자연스러운 시선 이동
- 청중의 눈을 직접 마주치는 것이 부담스럽다면, 얼굴의 다른 부위(이마, 미간, 코, 입술 주변)를 번갈아 응시하세요.
- 한 지점에 3~4초 정도 시선을 유지하면서 자연스럽게 이동하는 것이 좋습니다.

2. 일상에서의 훈련
- 동료와의 일상 대화에서부터 시작하세요.
- 카페 주문할 때나 엘리베이터에서의 짧은 대화도 좋은 연습 기회입니다.
- 화상회의 시에도 카메라를 응시하며 말하는 연습을 하세요.

3. 전략적 시선 배분
- 대규모 청중 앞에서는 교실 모양으로 구역을 나누어 시선을 고르게 배분하세요.
- 소규모 미팅에서는 발언자와 청취자를 번갈아 응시하며 균형을 유지하세요.

4. 비언어적 커뮤니케이션 활용

- 시선과 함께 미소, 고개 끄덕임 등 적절한 표정과 제스처를 활용하세요.
- 청중의 반응을 살피며 소통의 템포를 조절하세요.

시선 관리는 단순한 테크닉이 아닌 진정성 있는 소통의 기본입니다. 지속적인 연습을 통해 자연스러운 습관으로 발전시키면, 프레젠테이션은 물론 일상적인 대화에서도 더욱 효과적인 커뮤니케이션이 가능해질 것입니다.

특히 비즈니스 환경에서 시선 처리는 신뢰도와 직결됩니다. 상사와의 면담, 고객 미팅, 팀 프레젠테이션 등 모든 상황에서 적절한 시선 관리는 여러분의 전문성을 높이는 데 기여할 것입니다.

[5장]

말 한마디가 비즈니스를 바꾼다

01
유창한 말은
'타고난' 것이 아니라 '배웠다.'

성공한 리더들의 공통점을 살펴보면 한 가지 흥미로운 사실이 있습니다. 그들은 모두 말과 스피치에 탁월했죠. 하지만 더 주목할 만한 점은, 이들이 '타고난' 것이 아니라 '배웠다'는 사실입니다.

케네디, 빌 클린턴, 스티브 잡스, 오바마부터 우리나라의 김대중 대통령까지, 이들은 모두 스피치를 자신의 핵심 경쟁력으로 만들기 위해 철저하게 학습했습니다. 단순히 말하기 기술뿐만이 아닙니다. 인문학적 교양, 철학적 사고, 그리고 경청하는 기술까지 총체적으로 배웠죠.

글로벌 리더들의 스피치 학습에는 세 가지 공통된 특징이 있습니다.

1. 전문가에게 배우기

- 그들은 혼자 고민하지 않았습니다.
- 최고의 전문가를 찾아 체계적으로 학습했죠.
- 피드백을 통해 지속적으로 발전했습니다.

2. 끊임없는 학습

- '이 정도면 됐다.'라고 생각하지 않았습니다.
- 매 순간이 학습의 기회였죠.
- 실수조차 성장의 발판으로 삼았습니다.

3. 최우선 순위의 학습

- 바쁜 일정 속에서도 스피치 학습은 필수였습니다.
- 단기적 성과보다 장기적 역량 개발에 투자했죠.
- 꾸준한 관리와 발전을 이어갔습니다.

마치 운동선수가 매일 근육을 단련하듯, 스피치 역시 꾸준한 훈련이 필요합니다. 한 번의 교육으로 끝나지 않죠. 실전 경험을 쌓고, 피드백을 받고, 다시 연습하는 과정의 반복. 이것이 바로 탁월한 스피커로 성장하는 공식입니다.

특히 다음과 같은 상황에 처한 분들은 지금 당장 스피치 학습을 시작하기를 권합니다.

- 팀을 이끄는 리더의 위치에 있는 분
- 주요 의사결정자들을 설득해야 하는 분
- 대외 협상이나 발표가 잦은 분
- 조직 내 영향력을 높이고 싶은 분
- 승진이나 커리어 전환을 앞둔 분
- 자신의 아이디어를 효과적으로 전달하고 싶은 분

스피치는 더 이상 일부 전문가들의 전유물이 아닙니다. 현대 비즈니스에서 필수적인 핵심 역량이죠. 지금 시작하세요. 당신의 커리어를 한 단계 도약시킬 수 있는 가장 확실한 투자가 될 것입니다.

배워서 가능하다

현대 비즈니스 환경에서 스피치는 당신에게 반드시 필요한 기술입니다.

어떤 순간에 스피치가 결정적 무기가 될 수 있을까요?

스피치가 필요한 순간들
프레젠테이션과 발표

- 긴장 없이 자신감 있게 발표하고 싶으신가요?

- 청중의 시선을 사로잡는 프레젠테이션을 하고 싶으신가요?

- 떨리는 목소리 대신 힘 있는 전달력을 갖추고 싶으신가요?

비즈니스 현장

- 고객을 설득하는 영업 스피치가 필요하신가요?

- 임원진 앞 보고가 걱정되시나요?

- 기술적인 내용을 쉽고 명확하게 전달하고 싶으신가요?

커리어 성장

- 면접에서 차별화된 자기소개가 필요하신가요?

- 회의에서 당신의 의견을 효과적으로 전달하고 싶으신가요?

- 리더십 스피치 역량을 키우고 싶으신가요?

하지만 현실은 어떨까요?

- 우리는 1분에 125개 단어만 말할 수 있습니다

- 청중의 집중력은 평균 3~5분

- 우리가 하는 말의 20%만이 실제로 영향을 미칩니다

특히 주목할 만한 점은, 디지털 네이티브 세대(1980년대 초반~2000년생)의 대면 소통 능력이 이전 세대보다 떨어진다는 연구 결과입니

다. 스마트폰과 디지털 기기의 발달로 직접적인 소통 기회가 줄어든 탓이죠.

하지만 걱정하지 마세요.

'가장 훌륭한 연설가도 처음부터 대단했던 것은 아닙니다.'

빌 클린턴 전 미국 대통령도 끊임없는 연습으로 최고의 연설가가 되었습니다. 그는 매 연설 전 철저한 준비와 리허설을 했다고 합니다.

스피치는 타고나는 것이 아닙니다.

배우고, 연습하고, 실전에서 다듬어지는 기술입니다.

- ✓ 체계적인 학습
- ✓ 실전 연습
- ✓ 전문가의 피드백
- ✓ 꾸준한 반복

이것이 바로 청중을 사로잡는 스피치의 비결입니다.

지금 시작하세요. 당신의 커리어를 바꿀 가장 강력한 무기가 될 것입니다.

기억하라 (Remember)

"뛰어난 스피치는 우연히 만들어지지 않습니다. 반드시 학습되고, 준비되며, 연습된 결과입니다."

02
지루한 스피치가
당신의 경쟁력을 갉아먹고 있습니다

　당신의 메시지는 지금 청중에게 제대로 전달되고 있습니까? 탁월한 아이디어와 전문성을 갖추고도 지루한 전달 방식 때문에 무대에서 실패하는 연사들이 너무나 많습니다. 청중의 시선이 휴대폰으로 향하고, 하품을 참는 모습을 본 적 있다면, 그것은 내용의 문제가 아닌 전달 방식의 문제일 수 있습니다. 오늘 여러분께 소개할 스피치 혁신 전략은 평범한 발표도 청중을 사로잡는 강력한 메시지로 변화시킬 것입니다. 지금부터 청중의 시선을 사로잡는 핵심 비결을 공유하겠습니다.

　탁월한 내용도 지루한 전달 방식 때문에 망치는 경우가 많습니다. 특히 다음과 같은 실수들이 청중의 집중력을 급격히 떨어뜨립니다.

1. 자멸하는 시간 언급

- "앞으로 20분만 더 말씀드리면······."
- "마지막 한 가지만 더 말씀드리고······."

→ 이런 말들은 청중에게 "아직도 20분이나 남았구나."라는 부정적 신호를 줍니다.

2. 과도한 의례적 인사

- 지나치게 긴 감사 인사
- 형식적인 인사말의 나열

→ 귀중한 시간을 낭비하고 청중의 기대감을 떨어뜨립니다.

앞으로 나아가는 스피치

- 말한 내용을 되풀이하지 마세요.
- 수정이나 정정 없이 자신감 있게 진행하세요.
- 기승전결 구조로 청중을 끌어가세요.

핵심에 집중하기

- 사소한 세부사항은 과감히 생략하세요.
- 청중에게 실질적 가치를 주는 정보만 전달하세요.
- "이 제품이 어떻게 만들어졌는가." 대신 "이 제품이 당신의 삶을 어떻게 바꿀 것인가."에 집중하세요

청중 중심 사고

- 불필요한 학술적 내용은 제외하세요.
- 청중의 관심사와 직결된 내용만 다루세요.
- 현실적이고 실용적인 메시지를 전달하세요.

간결하고 강력한 메시지

- 핵심을 명확히 전달하세요.
- 불필요한 반복을 피하세요.
- 중요한 포인트만 임팩트 있게 전달하세요.

열정과 움직임으로 활력 더하기

- 다양한 어휘력 갖추기 (독서, 신문, 에세이 등을 통해)
- 자연스러운 무대 활용
- 적절한 움직임으로 역동성 더하기

기억하라 (Remember)

"지루한 스피치는 아무리 좋은 내용도 망칠 수 있습니다. 하지만 역동적인 스피치는 평범한 내용도 빛나게 만듭니다."

03
첫 30초가 당신의 스피치를 결정합니다

상상해보세요. 청중들의 시선이 휴대폰에서 단번에 당신을 향해 고개를 드는 순간을. 전문가들의 연구에 따르면, 이야기 형식으로 전달된 정보는 단순 데이터의 24배 더 오래 기억되며, 시각적 이미지는 단어보다 6만 배나 더 강력하게 뇌에 각인된다고 합니다. 이것이 바로 스피치의 첫 30초가 전체 발표의 성패를 좌우하는 이유입니다. 오늘 여러분은 평범한 인사말로 시작해 잊히는 발표자가 아닌, 청중의 마음을 단번에 사로잡는 강력한 오프닝 기술을 배우게 될 것입니다. 준비되셨나요? 지금부터 청중을 매혹시키는 첫인상의 비밀을 공개합니다.

비즈니스에서 가장 중요한 순간, 바로 시작입니다. 청중의 관심을 단번에 사로잡는 창의적인 오프닝이 성공적인 스피치의 열쇠입니다.

강력한 오프닝의 힘

연구 결과에 따르면

- 이야기 형식으로 전달된 내용은 단순 정보의 24배 더 잘 기억됩니다.
- 시각적 이미지는 단순 단어의 6만 배 더 오래 기억됩니다. 이것이 바로 첫인상이 중요한 이유입니다.

청중을 사로잡는 오프닝 기법

1. 반전이 있는 자기소개

예시

"안녕하세요, 제 이름은 문재인입니다. 대통령 이름과 똑같죠? 사실 저는 문재인 대통령을 매달 만나고 있습니다……."

→ 의외성으로 청중의 호기심을 자극합니다

2. 강력한 시작 도구

- 인용구나 명언
- 시의적절한 통계나 데이터
- 관련된 흥미로운 일화
- 청중을 참여시키는 질문

- 시사성 있는 이슈

3. 감각적 표현

- 영화의 한 장면처럼 생생한 묘사
- 청중이 직접 경험하는 듯한 상황 연출
- 시각적 이미지를 활용한 설명

예시: 맥심커피 광고의 "커피는 맥심입니다."
→ 단 한 문장으로도 강력한 임팩트를 줄 수 있습니다.

실전 오프닝 전략

호기심 자극하기

- 예상치 못한 질문으로 시작
- 흥미로운 퀴즈 던지기
- 청중과 관련된 이슈 제기

시각적 요소 활용

- 적절한 제스처
- 효과적인 시청각 자료
- 역동적인 무대 활용

감정적 연결

- 공감되는 일화
- 청중 관련 칭찬이나 격려
- 유머러스한 상황 설정

기억하라(Remember)

"평범한 인사로 시작하면 평범한 반응만 얻습니다. 창의적인 오프닝은 당신의 메시지를 기억에 남게 만듭니다.

프로 팁(Pro Tip)

첫 30초 동안의 스피치는 반드시 암기하세요. 실수 없는 강력한 시작이 남은 시간을 지배합니다.

04
인상적인 스피치와 대화를 위한 실전 가이드

효과적인 커뮤니케이션의 핵심은 '정확성'과 '간결성'입니다. 가장 강력한 메시지는 불필요한 요소를 걷어낸 명료한 표현에서 시작됩니다. 마치 조각가가 불필요한 돌을 깎아내어 작품을 완성하듯, 우리도 언어를 다듬어야 합니다.

실전에서 즉시 활용할 수 있는 핵심 전략을 소개합니다.

메시지의 정제

우리가 전하고자 하는 핵심을 한 문장으로 정리해보세요. 이는 프레젠테이션이든 일상 대화든 모든 커뮤니케이션의 출발점이 됩니다. 불필요한 수식어나 반복되는 표현은 과감히 제거하되, 메시지의 임팩트는 유지해야 합니다.

속도와 리듬의 활용

자신 있는 발화는 적절한 속도 조절에서 비롯됩니다. 중요한 내용을 강조할 때는 속도를 늦추고, 부연 설명할 때는 속도를 높이는 등 리듬감 있게 구사하세요. 이때 청중의 반응을 살피며 융통성 있게 조절하는 것이 핵심입니다.

시선 처리와 교감

진정성 있는 커뮤니케이션의 시작은 상대방과 눈 맞춤입니다. 단순한 응시가 아닌, 진심 어린 관심을 담은 시선 교환이 신뢰를 형성합니다. 특히 비즈니스 상황에서는 이러한 신뢰 형성이 성공적인 소통의 기반이 됩니다.

스토리텔링의 활용

데이터나 논리만으로는 청중의 마음을 움직이기 어렵습니다. 구체적인 사례와 경험을 공유하며 이야기를 풀어가면 청중의 공감을 이끌어낼 수 있습니다. 이는 단순한 정보 전달을 넘어 감동을 주는 소통으로 발전시킬 수 있는 핵심 요소입니다.

전문가들도 끊임없이 연습하고 발전시키는 이러한 커뮤니케이션 스킬은, 결국 자신만의 스타일로 재해석되어야 합니다. 완벽한 스피치를 위해 시간을 투자하고 실전 경험을 쌓아가는 과정이 필요합니다. 이는 단순한 말하기 기술이 아닌, 리더십의 핵심 요소로서 전문성을 갖추어야 할 영역입니다.

스피치의 첫인상: 청중을 사로잡는 강력한 스피치 시작하기

비즈니스 현장에서 우리는 수많은 발표와 스피치를 경험합니다. 그러나 대부분의 스피치가 시작부터 청중의 관심을 놓치는 실수를 범하고 있습니다. 전형적인 인사말과 자기소개로 시작하는 순간, 청중의 기대감은 이미 반 이상 사라졌다고 봐야 합니다.

흔히 범하는 실수들을 살펴보면 다음과 같습니다.
"안녕하세요, 영업부 홍길동입니다……."
"오늘 제가 준비한 주제는……."
"먼저 회사 소개부터 시작하겠습니다……."
이런 시작은 마치 '이제부터 지루한 발표가 시작됩니다.'라고 선언하는 것과 다름없습니다.

대신, 이렇게 시작해보세요.
- "지난달 우리 경쟁사가 놓친 100억 규모 계약, 그 이면에는 단 한 가지 비밀이 있었습니다."
- "여러분, 5분 전 우리 회사 주가가 15% 상승했습니다. 그 이유를 아시나요?"
- "작년 이맘때 적자에 시달리던 A사가 올해 업계 1위가 된 결정적 순간을 공개하겠습니다."

효과적인 스피치 시작을 위한 핵심 전략
1. 임팩트 있는 데이터나 사례로 시작하기
2. 청중의 호기심을 자극하는 질문 던지기
3. 예상치 못한 반전이나 통찰 제시하기
4. 청중과 직접적으로 연관된 문제 제기하기

기억하세요. 첫 30초가 전체 스피치의 성패를 좌우합니다. 청중의 시선을 사로잡는 강력한 오프닝은 단순한 인사말이 아닌, 전략적으로 설계된 시작이어야 합니다.

평범한 시작은 평범한 결과만을 낳습니다. 청중의 기대를 뛰어넘는 신선한 시작으로 당신의 메시지에 힘을 실어주세요. 진부한 인사말 대신, 청중의 마음을 단번에 사로잡을 수 있는 임팩트 있는 오프닝을 준비하는 것이 현명한 전략입니다.

청중을 사로잡는 3S 전략: 임팩트 있는 스피치의 시작

비즈니스 현장에서 청중의 관심을 단번에 사로잡는 것은 모든 발표자의 숙제입니다. 오늘날 정보 과잉의 시대에 청중의 주의를 집중시키는 것은 더욱 어려워졌습니다. 하지만 전략적인 접근으로 이를 해결할 수 있습니다.

강력한 오프닝을 위한 3S 전략

Short (간결성)

- 핵심 메시지를 10초 이내로 전달
- 불필요한 수식어 제거
- 임팩트 있는 한 문장으로 집약

Suspenseful (긴장감)

- "조금 전 본사에서 연락이 왔습니다……."
- "이 업계의 게임 체인저가 될 소식입니다……."

- "지금까지 아무도 시도하지 않은 혁신적인 방법입니다……."

Surprising (놀라움)

- 예상치 못한 데이터나 사실 제시
- 통념을 깨는 새로운 관점 제시
- 청중의 고정관념에 도전하는 질문

효과적인 오프닝 기법

1. 도발적 질문

"여러분, 경쟁사가 놓친 1,000억 시장의 비밀을 아십니까?"

2. 강력한 선언

"오늘 이 자리에서 업계의 판도를 바꿀 새로운 전략을 공개하겠습니다."

3. 스토리텔링 기반 시작

"지난주 금요일, 한 고객의 전화가 우리 회사의 모든 것을 바꿔 놓았습니다."

주의해야 할 사항

- 불필요한 사과나 변명으로 시작하지 않기

- 준비되지 않은 즉흥적 멘트 피하기
- 관행적인 인사말과 자기소개 최소화하기

이러한 3S 전략의 성공적인 실행을 위해서는 철저한 사전 준비가 필수적입니다. 청중의 관심사와 니즈를 정확히 파악하고, 이에 맞는 임팩트 있는 오프닝을 설계해야 합니다. 시작이 반이라는 말처럼, 강력한 오프닝은 전체 프레젠테이션의 성패를 좌우하는 핵심 요소입니다.

기억하세요: 뛰어난 스피치는 청중의 마음을 사로잡는 첫 문장에서 시작됩니다. 3S 전략을 활용해 여러분만의 강력한 오프닝을 만들어보세요.

05
효과적인 커뮤니케이션의 기초: 어휘력 강화하기

단 한 마디의 말이 당신의 비즈니스 성패를 좌우할 수 있다면 어떤 단어를 선택하시겠습니까? 승진 인터뷰에서, 중요한 프레젠테이션에서, 또는 결정적인 협상 자리에서 여러분의 진정한 경쟁력은 바로 어휘력에서 시작됩니다. 오늘날 비즈니스 리더들의 공통점은 바로 풍부한 어휘를 통해 자신의 메시지에 생명력과 설득력을 불어넣는 능력입니다. 이제부터 단순한 의사소통을 넘어 청중의 마음을 움직이는 어휘력의 비밀을 함께 알아보겠습니다.

비즈니스 현장에서 성공적인 커뮤니케이션은 적절한 어휘 선택에서 시작됩니다. 풍부한 어휘력은 단순한 의사전달을 넘어 설득력 있는 메시지를 전달하는 핵심 도구가 됩니다.

어휘의 전략적 활용

1. 맥락에 맞는 어휘 선택

- 상황별 적합한 표현 사용
- 청중의 특성을 고려한 단어 선택
- 업계 특성에 맞는 전문 용어 활용

2. 다양한 표현 기법

- 관용구와 속담

  "발 벗고 나서다." (적극적으로 나서서 돕다)

  "바가지를 쓰다." (부당하게 비싼 값을 치르다)

- 연어 표현

  어휘적 연어: '눈을 뜨다.', '새빨간 거짓말'

  연어: '~을 위하여', '~기 때문에'

3. 감각적 표현의 활용

- 시각적 표현으로 생동감 부여
- 청각적 요소를 통한 강조
- 감각적 묘사로 메시지 각인

실전 어휘력 향상 가이드

1. 체계적인 어휘 수집

- 일일 어휘 노트 작성

- 상황별 키워드 정리

- 전문 용어 데이터베이스 구축

2. 표현력 강화 학습

- 관용구 100개 정리

- 고사성어 100개 숙지

- 업계 전문 용어 100개 수집

3. 활용 연습

- 실제 대화에서 새로운 표현 시도

- 프레젠테이션에 적용

- 피드백을 통한 개선

기억하세요: 뛰어난 어휘력은 하루아침에 만들어지지 않습니다. 꾸준한 학습과 실전 적용을 통해 자연스러운 활용 능력을 키워 나가야 합니다.

06
스피치 역량 강화를 위한
어휘력 트레이닝 가이드

마틴 루터 킹의 'I have a dream', 스티브 잡스의 '매일이 인생의 마지막 날인 것처럼',

이 역사적인 연설들의 공통점은 무엇일까요? 바로 청중의 심장을 울리는 강력한 어휘력입니다. 당신도 알고 있지만, 같은 메시지라도 어떤 단어로 표현하느냐에 따라 잊히는 평범한 발언이 될 수도, 모두의 가슴에 각인되는 명연설이 될 수도 있습니다. 오늘 여러분께 소개할 어휘력 트레이닝은 단순한 말하기 기술이 아닌, 청중의 마음을 사로잡는 표현의 마법을 선사할 것입니다.

탁월한 스피치는 풍부한 어휘력에서 시작됩니다. 단순한 단어의 나열이 아닌, 청중의 마음을 움직이는 표현력을 기르기 위한 체계적인 접근이 필요합니다.

효과적인 스피치를 위한 표현 기법

1. 스토리텔링 강화 요소

- 생생한 일화와 사례 활용
- 적절한 유머와 예시 삽입
- 통계 데이터를 통한 신뢰도 확보
- 인용구와 격언으로 설득력 강화

2. 감성적 표현 기법

- 대조와 반복을 통한 강조
- 의인화로 친근감 더하기
- 수사적 질문으로 몰입도 높이기
- 적절한 휴지(間)로 긴장감 조성

3. 언어 능력 향상을 위한 종합 훈련

- 정확한 발음과 문법 학습
- 상황별 적절한 어휘 선택
- 비언어적 커뮤니케이션 기술 개발
- 체계적인 독서와 글쓰기 연습

실전 활용을 위한 고급 표현 예시

비즈니스 상황별 표현

- 도전적 상황: "변화무쌍한 시장 환경에서……."
- 혁신 강조: "고착된 사고방식을 탈피하여……."
- 기회 포착: "이것이야말로 짜릿한 기회입니다."

개선을 위한 실천 전략

1. 매일 새로운 표현 3개 익히기
2. 주간 스피치 녹음 및 분석
3. 전문가 피드백 정기적 수렴
4. 다양한 상황에서의 실전 연습

기억하세요: 뛰어난 스피치는 오랜 준비와 연습의 결과입니다. 하루아침에 이루어지는 것이 아닌, 꾸준한 학습과 실전 경험을 통해 완성됩니다.

07
스토리텔링의 힘:
청중을 사로잡는 효과적인 스피치 기법

어떤 프레젠테이션이 당신의 기억에 가장 오래 남아있나요? 수많은 데이터와 분석보다 단 한 편의 감동적인 이야기가 청중의 마음을 움직이는 힘이 더 강합니다. 세계적인 리더들이 공통적으로 활용하는 비밀 무기는 바로 '스토리텔링'입니다. 인간의 뇌는 논리보다 이야기에 반응하도록 설계되어 있으며, 감정적 연결을 통해 의사결정이 이루어집니다. 오늘 여러분은 단순한 정보 전달자가 아닌, 청중의 마음을 사로잡는 스토리텔러로 거듭나는 실질적인 방법을 배우게 될 것입니다.

현대 비즈니스에서 스토리텔링은 단순한 이야기 전달을 넘어 강력한 설득과 공감의 도구가 되었습니다. 체계적인 스토리 구성과 전달로 청중의 마음을 사로잡는 방법을 알아보겠습니다.

스토리 구성의 핵심 요소

1. 메시지 기획

- 핵심 메시지 명확화
- 청중의 관심사 반영
- 독창적 관점 개발
- 실제 경험 활용

2. 이야기 구조화

- 명확한 도입부 설계
- 긴장감 있는 전개
- 인상적인 클라이맥스
- 여운 있는 마무리

3. 효과적인 전달 전략

- 캐릭터 설정
  핵심 인물 위주 구성
  선명한 성격 묘사
  현실감 있는 대화
- 장면 연출

구체적 상황 묘사

시각적 이미지 활용

감정선 구축

실전 적용을 위한 체크리스트

스토리 기획 단계

- 청중 분석 완료

- 핵심 메시지 설정

- 구체적 사례 준비

- 감정적 연결점 구축

전달 과정

- 적절한 긴장감 조성

- 청중 반응 모니터링

- 유연한 내용 조절

- 효과적인 클로징

마무리

- 핵심 메시지 재강조

- 여운 남기기

- 실천 가능한 제안

- 후속 단계 제시

주의사항
- 불필요한 세부사항 제거
- 청중의 이해도 고려
- 적절한 길이 유지
- 진정성 있는 톤 유지

스토리텔링의 성공은 철저한 준비와 실전 경험의 조화에서 비롯됩니다. 청중의 마음을 움직이는 스토리를 만들기 위해서는 지속적인 연습과 피드백이 필요합니다.

〈학습 포인트〉

스토리텔링의 3대 핵심 원칙: 공감과 신뢰를 얻는 커뮤니케이션

성공적인 스토리텔링은 단순한 정보 전달을 넘어 청중과의 진정한 교감을 끌어내는 것에서 시작됩니다. 이를 위한 세 가지 핵심 원칙을 소개합니다.

1. 진정성 있는 관심
- 청중의 니즈와 관심사 파악
- 통찰력 있는 질문으로 대화 확장
- 적극적 경청을 통한 정보 수집
- 상호 학습의 기회로 활용

2. 포용적 태도
- 열린 마음으로 다양한 의견 수용
- 건설적인 피드백 제공
- 비판보다는 이해에 중점
- 상대방의 관점 존중

3. 겸손한 자세
- 경청을 통한 신뢰 구축
- 눈맞춤으로 진정성 표현
- 상대방을 배려하는 언어 선택
- 정직하고 성실한 태도 유지

이러한 원칙들은 단순한 지침이 아닌, 효과적인 커뮤니케이션의 토대가 됩니다. 청중의 마음을 움직이는 스토리텔링은 이러한 기본 원칙들이 자연스럽게 녹아들었을 때 가능합니다.

성공적인 스토리텔러가 되기 위해서는 지속적인 자기 성찰과 개선이 필요합니다. 매 순간 청중과의 소통에서 이러한 원칙들을 실천하며, 더 나은 커뮤니케이터로 성장할 수 있습니다.

〈실전 양식〉

스피치 전달을 위한 논리적 구성의 틀(5단계)

성공적인 스피치를 개발하기 위해서는 기본적이고도 핵심적인 개요가 필요하다. 개요는 명확한 서론과 강력한 요점, 간결한 결론, 그리고 설득력 있는 맺음말에 이르기까지 효과적인 스피치의 구조를 짜서 만들어야 한다. 아래의 스피치 전달을 위한 논리적 구성 5단계 틀은 필자가 만들어 보급 확산시켰다. 논리적 스피치 구성 5단계 작성 양식(골격)이다.

O.S 도입부	
서론	
본론	
결론	
C.S 맺음말	

인용구(명언, 격언, 시구, 이야기) 활용 양식

이 양식은 정보 제공과 설득을 활용할 때 메시지를 담을 구조이다. 그래야 흡인력을 가질 수 있다.

고유이름	
메시지 (인용구)	
수식 문장	
실제 스피치 (말할 거리)	

초고 작성하기-양식(연설 시/상담 시)

	서론
	내용

[6장]

스피치 전 심리 셋업의 기술

01
마음을 리셋하고 무대를 지배하라

"입을 여는 순간, 당신의 신뢰와 영향력이 결정된다."

스피치는 단순한 말하기가 아닙니다. 그것은 당신의 생각을 증명하는 도구이며, 설득의 무기이자 사람을 움직이는 리더십의 실체입니다. 스티브 잡스가, 버락 오바마가, 그리고 마틴 루터 킹이 우리 기억 속에 살아있는 이유는 단 하나, '말'의 힘 때문입니다.

하지만 진짜 스피치는, 입을 열기 전에 이미 시작됩니다.

당신이 무대에 오르는 순간, 첫 시선을 교환하는 찰나, 첫 단어를 내뱉기 전의 호흡…… 그 모든 '전(前)스피치'의 순간들이 진짜 설득을 만듭니다.

이 책은 단순히 말을 잘하는 기술을 가르치지 않습니다.

말을 하기 전 '마음을 다듬는 방법'을 알려줍니다.

그 중심에는 세 가지 훈련이 있습니다: 다독(多讀), 다연(多演), 다견(多見).

그리고 당신의 말이 '들리는 말'이 아니라 '전달되는 말'이 되기 위한 모든 심리적, 표현적, 전략적 준비가 여기에 담겨 있습니다.

준비되지 않은 말은 공허합니다. 하지만 훈련된 한마디는 누군가의 인생을 바꿉니다.

이제, 말의 무게를 아는 당신에게 진짜 스피치의 문이 열릴 차례입니다.

자기 다짐이 퍼포먼스를 결정한다

마이클 조던이 중요한 슛을 날리기 전, 우사인 볼트가 결승선을 앞둔 순간, 그들의 입에서 작은 속삭임이 나온다는 것을 알고 계셨나요? 이것은 단순한 습관이 아닌, 최고의 수행 능력을 끌어내는 과학적으로 입증된 심리적 트리거입니다. 놀랍게도, 세계 최고의 비즈니스 리더들도 중요한 결정이나 프레젠테이션 전에 이와 동일한 기법을 사용하고 있습니다.

오늘 여러분은 단순한 말 한마디가 어떻게 여러분의 잠재력을 완전히 새로운 차원으로 끌어올릴 수 있는지, 그 강력한 비밀을 발견하게 될 것입니다.

우리는 종종 운동선수들이 중요한 순간에 자신만의 구호를 외치는 것을 봅니다. 이는 단순한 소리가 아닌, 잠재된 능력을 끌어올리는 강력한 심리적 트리거입니다. 비즈니스 환경에서도 이러한 자기 다짐의 기술은 놀라운 효과를 발휘할 수 있습니다.

자기 다짐의 과학적 효과
- 스트레스 호르몬 감소
- 자신감 상승
- 집중력 향상
- 수행 능력 최적화

실제 적용 방법

1. 개인화된 다짐문 만들기

"나는 이 분야의 전문가다.", "모든 도전을 기회로 만든다." "매 순간 최고의 가치를 전달한다."

2. 실천 루틴 수립

- 아침 출근길에 다짐문 읽기

- 중요한 미팅 전 조용히 되새기기
- 업무 시작 전 책상에서 마음 다잡기

유명한 심리학자 노만 빈센트 필의 사례는 이러한 방법의 효과를 잘 보여줍니다. 한 젊은 세일즈맨이 자신만의 다짐문을 매일 읽고 되새김으로써 최고의 성과를 달성할 수 있었습니다. 이는 단순한 긍정적 사고가 아닌, 실질적인 행동 변화를 끌어내는 도구였습니다.

효과적인 다짐문의 조건
- 구체적이고 명확할 것
- 현재형으로 작성할 것
- 긍정문으로 표현할 것
- 실현 가능한 목표를 담을 것

실제 업무 환경에서의 활용
- 프레젠테이션 전: "나는 청중을 사로잡는 스피커다."
- 협상 상황에서: "나는 Win-Win의 전문가다."
- 도전적 과제 앞에서: "모든 문제에는 해결책이 있다."

이러한 자기 다짐은 단순한 구호가 아닌, 우리의 잠재력을 깨우는 실질적인 도구입니다. 매일의 작은 실천이 모여 큰 변화를 만들어낼 수 있습니다. 오늘부터 자신만의 파워풀한 다짐문을 만들어 실천해보는 것은 어떨까요?

02
진심이 통하는 칭찬의 기술:
구체성, 타이밍, 진정성의 3원칙

현대 심리학과 조직행동론에서는 긍정적 피드백, 특히 구체적이고 진정성 있는 칭찬이 개인과 조직의 성과에 미치는 영향력을 강조합니다. 이는 단순한 호감이나 좋은 분위기를 넘어, 실질적인 동기부여와 성과 향상으로 이어지는 강력한 커뮤니케이션 도구입니다.

효과적인 칭찬의 3가지 원칙

1. 구체성

- "좋은 일 하셨네요." 대신 "이번 프로젝트에서 보여주신 데이터 분석력이 정말 인상적이었습니다."

2. 적시성

- 성과나 긍정적 행동이 발생한 직후 칭찬
- 정기적인 피드백 세션에서의 체계적 인정

3. 진정성

- 과장된 표현을 피하고 진심이 느껴지는 톤 사용
- 구체적 관찰과 그 영향에 대한 언급
- 일상적 실천 방안: 123 칭찬 루틴
- 매일 실천하는 세 가지 영역의 칭찬

업무 환경

- 팀 미팅에서 구성원의 구체적 기여 언급
- 이메일이나 메신저로 작은 성과 인정하기
- 프로젝트 완료 후 참여자별 강점 피드백

가정생활

- 배우자의 일상적 노력 인정
- 자녀의 작은 진전 칭찬
- 가족 구성원의 특별한 재능 언급

개인적 네트워크

- 동료의 전문성 인정
- 협력 파트너의 신뢰성 언급
- 서비스 제공자의 친절함 감사

실행 전략

1. 매일 아침 칭찬할 세 사람 미리 선정
2. 구체적인 칭찬 포인트 메모
3. 적절한 타이밍에 자연스럽게 전달
4. 상대의 반응 관찰 및 후속 대화 유도

칭찬은 단순한 사교의 기술이 아닌, 조직과 관계의 성과를 높이는 전략적 도구입니다. 특히 관리자 위치에 있는 30~40대에게는 팀 성과 향상을 위한 필수적 리더십 스킬이라 할 수 있습니다. 체계적이고 진정성 있는 칭찬 습관을 통해 더 긍정적이고 생산적인 환경을 만들어보세요.

03
무대 위로 걸어오는 순간부터
스피치는 시작된다

비언어적 커뮤니케이션 전문가들은 첫인상이 형성되는 데 단 7초가 걸린다고 말합니다. 특히 비즈니스 환경에서 이 첫 7초는 전체 프레젠테이션의 성패를 좌우할 수 있는 결정적 순간입니다.

전문가의 등장 매뉴얼

1. 호명 순간부터의 자세 관리

- 상체를 자연스럽게 세우기

- 어깨의 긴장 풀기

- 자연스러운 미소 유지하기

2. 무대로 향하는 동선

- 적당한 보폭 유지 (너무 빠르거나 느리지 않게)
- 시선은 목표 지점을 향해 고정
- 양팔의 자연스러운 움직임 유지

3. 무대 위 첫 순간 관리

- 잠깨는 호흡으로 긴장감 조절
- 전체 청중을 향한 따뜻한 시선 처리
- 2~3초간의 의도적인 침묵으로 주목도 확보

효과적인 오프닝 구성

"안녕하십니까, [업계/분야]에서 [전문성/경험]을 가진 [이름/직책]입니다."

실전 준비 체크리스트

- 등장 동선 사전 점검
- 마이크 위치 및 높이 확인
- 발표자료 준비 상태 체크
- 시작 멘트 리허설

특히 중요한 프레젠테이션을 앞둔 경우

1. 현장 사전 방문으로 공간 파악
2. 동선을 실제로 걸어보며 시간 측정
3. 마이크 사용법 숙지
4. 조명 위치 확인으로 시선 처리 계획 수립

이러한 첫인상 관리는 단순한 예의가 아닌, 전문가로서의 역량을 보여주는 중요한 요소입니다. 특히 비즈니스 환경에서는 이러한 디테일한 준비가 청중의 신뢰도 형성에 결정적 영향을 미칩니다.

기억하세요: 진정한 프레젠테이션은 발표자가 호명되는 순간부터 시작됩니다. 무대에 오르기까지의 모든 순간이 여러분의 메시지의 일부가 됩니다.

04
프로페셔널한 첫인사의 기술

비즈니스 커뮤니케이션에서 인사는 단순한 예의가 아닌, 전문성과 신뢰도를 전달하는 중요한 순간입니다. 특히 공식적인 발표나 프레젠테이션에서 첫인사는 청중과의 라포 형성에 결정적 영향을 미칩니다.

체계적인 인사 프로토콜

1. 기본자세

- 양발을 어깨너비로 벌린 안정된 자세
- 자연스럽게 편 어깨선
- 시선은 청중의 중앙부를 향해 고정

2. 인사 순서

- 먼저 구두 인사: "안녕하십니까, 여러분."
- 적절한 목소리 톤과 크기 유지
- 45도 허리 굽힘 (3초 유지)
- 천천히 상체 들어 올리기

3. 자기소개 구성

[인사말]

[소속/직책]

[이름]

[간단한 소감이나 감사 인사]

효과적인 오프닝 사례

"안녕하십니까, [회사명] [부서] 책임자 [이름]입니다. 오늘 이 자리에서 여러분과 함께할 수 있어 기쁩니다."

실전 연습 방법

1. 거울 앞 연습

- 하루 3회, 각 3분씩
- 표정과 자세 체크

- 목소리 톤과 속도 조절

2. 영상 촬영 피드백
- 주 1회 자신의 인사 모습 촬영
- 개선점 체크리스트 작성
- 지속적인 수정 보완

주의사항:
- 과도한 허리 굽힘 지양
- 시선 처리의 자연스러움 유지
- 인위적인 제스처 삼가

전문가들이 강조하는 포인트
- 진정성 있는 표정
- 안정된 음성
- 적절한 속도와 리듬

이러한 체계적인 인사법은 특히 비즈니스 상황에서 여러분의 전문성을 효과적으로 전달하는 도구가 될 것입니다. 꾸준한 연습을 통해 자연스러운 습관으로 만드는 것이 중요합니다.

말하기 이전에, 삶을 먼저 말합니다

스피치는 기교가 아닙니다. 그것은 당신의 생각, 감정, 철학, 가치가 '언어'라는 옷을 입고 세상 앞에 서는 일이다. 결국 좋은 스피치는 연습된 기술이 아니라 훈련된 태도에서 나옵니다.

말더듬증이었던 데모스테네스가 최고의 웅변가가 되었던 이유는 단순히 발음을 교정했기 때문이 아니라, 자신의 한계를 직시하고 매일 자신을 극복했기 때문이었습니다. 그의 훈련은 육체적이고 반복적이며 철저히 고통스러웠지만, 그 모든 과정은 결국 '한 마디'를 위한 준비였습니다.

지금 이 순간, 여러분도 데모스테네스처럼 시작할 수 있습니다.

작은 자기 다짐, 한 줄, 진심 어린 인사 한마디, 상대를 존중하는 시선, 감정을 실은 목소리…….

이 모든 작은 실천이 모여, 당신만의 말하기 철학이 됩니다.

이제 질문하십시오.

"나는 어떤 말로, 누구의 삶을 변화시킬 것인가?"
그리고 오늘부터 스스로 답합니다.
"나는 준비된 사람이다. 내 말은 누군가에게 힘이 된다."
그 다짐이 당신을 변화시킬 것입니다.

그리고 언젠가, 당신의 스피치가 누군가의 인생을 바꿀 것입니다.

말이 곧 당신입니다.

그러니 말하기 전에, 당신 자신을 먼저 만들어야 합니다.

[7장]

스피치 달인을 만드는
10가지 실전 훈련법

01
말이 바뀌면 인생이 바뀐다

　누구나 한 번쯤은 "말 한마디에 사람이 변했다.", 혹은 "말 때문에 기회가 사라졌다."라는 이야기를 들은 적이 있을 겁니다. 하지만 그 '한마디'가 단순히 잘 말해서가 아니라, 훈련되고 준비된 스피치라는 사실을 아는 사람은 많지 않습니다.

　스티브 잡스의 프레젠테이션, 오바마의 연설, 데모스테네스의 웅변…… 그들의 말은 사람의 마음을 움직였고, 세상을 움직였습니다. 그 출발점은 '말하는 법'을 배우는 데서 시작되었습니다.

　이제 당신 차례입니다.
　지금부터 소개할 스토리텔링, 목소리 훈련, 제스처, 자신감 트레이닝, 실전 리허설은 단순한 말하기 기술을 넘어, 당신의 인생을 바꾸는 강력한 무기가 될 것입니다. 독수리가 하늘을 날기 위해 바닥에 내던져지듯, 약간의 불편함과 훈련을 견딘 사람만이 진짜 '날 수' 있습니다.

독수리에게 배우는 성장의 심리학

독수리는 새끼를 키우는 과정에서 우리에게 중요한 교훈을 전합니다. 처음에는 새끼들에게 안전하고 편안한 환경을 제공합니다. 높은 절벽 위 둥지에서 새끼들은 넓은 하늘과 들판을 보며 자유롭게 자랍니다. 매일 어미가 가져다주는 먹이로 배부르게 지내죠.

하지만 어느 순간, 어미 독수리는 새끼들의 편안한 삶을 완전히 뒤흔들어 놓습니다. 포근했던 둥지에 날카로운 가시를 깔아놓고, 새끼들을 하늘 높이 데려가 떨어뜨리는 훈련을 시작합니다. 왜 이렇게 가혹한 훈련을 시킬까요? 독수리는 알고 있습니다. 진정한 독수리가 되기 위해서는 이런 고된 과정이 필요하다는 것을.

이는 우리의 성장 과정과 매우 닮아있습니다. 전문가가 되는 길은 결코 편안하지 않습니다. 처음 발표를 할 때의 떨림, 중요한 미팅에서의 긴장감, 새로운 프로젝트를 맡았을 때의 부담감……. 이 모든 순간들이 우리를 더 강하게 만듭니다.

독수리의 마지막 훈련은 특히 의미심장합니다. 폭풍이 치는 최악의 날씨를 택해 새끼와 작별합니다. 이제 새끼 독수리는 스스로 폭풍을 뚫고 날아가야 합니다. 이처럼 진정한 성장은 우리가 가장 힘든 순간을 마주하고 이겨낼 때 이루어집니다.

여러분도 지금 힘든 시기를 겪고 계시는가요? 발표 준비가 부담스럽거나, 새로운 역할이 벅차게 느껴지나요? 그렇다면 이렇게 생각해보세요. 지금의 어려움은 더 큰 성장을 위한 필수 과정이라고. 독수리처럼 이 도전을 받아들이고 극복한다면, 여러분은 분명 더 높이 날 수 있을 것입니다.

기억하세요. 클레오파트라가 역사에 이름을 남긴 것도 그저 미모 때문이 아니었습니다. 끊임없는 자기계발과 탁월한 소통 능력이 그녀를 진정한 리더로 만들었죠. 우리도 마찬가지입니다. 현재의 어려움을 피하지 말고 정면으로 마주하세요. 그것이 바로 성장의 시작입니다.

핵심 인사이트

1. 성장은 필연적으로 불편함을 동반

2. 실패는 학습의 필수 과정

3. 극복의 경험이 전문성의 기반

4. 도전의 강도가 성장의 크기를 결정

02
성공하는 스피커의 7가지 비밀 코드

현대 사회에서 효과적인 스피치 능력은 선택이 아닌 필수가 되었습니다. 비즈니스 프레젠테이션부터 일상적인 회의 진행까지, 우리는 끊임없이 자신의 생각과 아이디어를 전달해야 하는 상황에 직면합니다. 하지만 많은 전문가들이 뛰어난 업무 능력에도 불구하고 이를 효과적으로 전달하는 데 어려움을 겪고 있습니다.

성공적인 스피치는 단순히 좋은 내용을 준비하는 것에서 그치지 않습니다. 청중의 마음을 사로잡고 메시지를 효과적으로 전달하기 위해서는 체계적인 접근이 필요합니다. 자신 있는 태도부터 전략적인 침묵의 활용까지, 다음의 7가지 핵심 요소들은 당신의 스피치를 한 단계 더 발전시켜줄 것입니다.

이제부터 소개할 전략들은 실제 현장에서 검증된 방법들로, 누구나 쉽게 적용하고 발전시킬 수 있습니다. 이를 통해 당신의 메시지는 더욱 설득력 있게 전달될 것이며, 청중과의 효과적인 커뮤니케이션이 가능해질 것입니다.

효과적인 스피치를 위한 7가지 핵심 전략

1. 자신 있는 태도 구축하기

뛰어난 연설은 탄탄한 내용만으로 완성되지 않습니다. 자신감은 전달력의 핵심 동력이며, 이는 단순한 외적 표현이 아닌 내면의 준비에서 시작됩니다. 청중 앞에서 당당할 수 있는 이유는 철저한 준비와 자기 확신에서 비롯됩니다. 이러한 자신감은 자연스럽게 열정으로 이어져 청중을 사로잡는 강력한 에너지가 됩니다.

2. 긍정적 마인드셋 확립하기

완벽주의적 사고나 지나친 자기 검열은 오히려 스피치의 장애물이 될 수 있습니다. 대신, "나는 이 주제에 대해 가치 있는 이야기를 전달할 수 있다."라는 건강한 자신감을 가지세요. 스스로를 신뢰하고, 청중과 함께 나눌 수 있는 가치 있는 메시지에 집중하는 것이 중요합니다.

3. 청중과의 상호작용 설계하기

효과적인 스피치는 일방적인 전달이 아닌 쌍방향 소통입니다. 시작부터 청중의 관심을 끌 수 있는 개방형 질문을 준비하세요. "여러분은 이런 경험이 있으신가요?", "이 문제에 대해 어떻게 생각하시나요?"와 같은 질문으로 청중의 참여를 유도하고, 그들의 응답에 진정성 있게 반응하면서 신뢰 관계를 구축합니다.

4. 효과적인 비언어적 커뮤니케이션 활용하기

말하는 내용만큼이나 중요한 것이 바로 몸의 언어입니다. 손동작, 시선 처리, 무대 활용 등 비언어적 요소들을 전략적으로 사용하세요. 예를 들어, 중요한 포인트를 강조할 때는 제스처를 크게 사용하고, 감동적인 순간에는 표정으로 감정을 전달하는 식입니다.

5. 내면의 목소리 활용하기

독백은 청중과의 친밀감을 높이는 강력한 도구입니다. "처음 이 프로젝트를 시작했을 때, 솔직히 두려움이 컸습니다."라는 말 같은 진솔한 내면의 이야기는 청중의 공감을 끌어내는 데 매우 효과적입니다. 단, 과하지 않게 적절한 순간에 사용하는 것이 핵심입니다.

6. 전략적 침묵 활용하기

말의 힘만큼 강력한 것이 바로 침묵의 순간입니다. 중요한 메시지 전달 전후로 잠시 멈추는 것만으로도 청중의 주의를 집중시킬 수 있습니다. 특히 감정적 전환점이나 핵심 메시지를 전달하기 전에 의도적인 멈춤을 활용하면 더욱 효과적입니다.

7. 인상적인 마무리 설계하기

청중의 기억에 남을 핵심 메시지나 슬로건을 준비하세요. "불가능은 불충분한 시도의 다른 이름일 뿐입니다."라는 말과 같이 간결하면서도 강력한 문장으로 마무리하면 좋습니다. 이때 핵심은 명확성과 간결성입니다. 청중이 쉽게 기억하고 공감할 수 있는 메시지를 선택하세요.

각 요소는 독립적으로 작용하는 것이 아니라 유기적으로 연결되어 있습니다. 실제 연설에서는 이러한 요소들을 자연스럽게 조화시키면서, 자신만의 스타일로 발전시켜 나가는 것이 중요합니다.

실전 스피치 연습법 10가지

말 한마디로 사람의 마음을 움직이고, 생각을 바꾸며, 세상을 변화시키는 힘이 있습니다. 하지만 뛰어난 스피커가 되기 위해서는 타고난 재능보다 더 중요한 것이 있죠. 그것은 바로 '철저한 연습과 꾸준한 노력'입니다.

유명 연설가들의 자연스럽고 설득력 있는 스피치 뒤에는 보이지 않는 수백 번의 연습이 숨어 있습니다. 이 글에서는 당신의 스피치 실력을 한 단계 끌어올릴 10가지 실전 연습법을 소개합니다. 단순한 팁이 아니라, 실제로 적용할 수 있는 강력한 방법들입니다.

이제, 당신의 말이 메시지가 되고, 메시지가 영향력이 되는 여정을 시작해보세요.

진정성 있는 스피치는 마치 잘 우려낸 진한 국물처럼, 시간과 노력을 통해 완성됩니다. 자연스러워 보이는 모든 스피치 뒤에는 철저한 준비와 연습아 있습니다.

1. 큰 그림 그리기
메시지의 전체 구조를 먼저 설계하세요. 핵심 포인트를 중심으로 논리적 흐름을 구성하고, 청중이 따라올 수 있는 명확한 스토리라인을 만듭니다.

2. 실전 리허설 실행

작성한 원고를 소리 내어 읽고, 동료들 앞에서 연습하며 피드백을 받으세요. 스마트폰으로 자신의 모습을 녹화해 객관적으로 분석하는 것도 효과적입니다.

3. 기회 활용하기

모든 발표 기회를 연습의 장으로 활용하세요. 팀 미팅, 소규모 모임 등 다양한 상황에서의 경험이 실전 감각을 향상시킵니다.

4. 강조점 표시와 연습

주요 문장에 하이라이트를 하고, 톤과 속도에 변화를 주어 연습합니다. 제스처, 아이 콘택트, 표정 등 비언어적 요소도 함께 연습하세요.

5. 자연스러운 대화 스타일 개발

내용을 완벽히 숙지한 후, 마치 친구와 대화하듯 자연스러운 어조로 연습합니다. 적절한 휴지(pause)를 활용해 메시지의 임팩트를 높이세요.

6. 무대 활용 연습

연극배우처럼 전체 공간을 활용하는 연습을 하세요. 제스처는 자연스럽되 목적이 있어야 하며, 청중과의 소통을 강화하는 도구로 활용합니다.

7. 보디랭귀지 완성하기

거울 앞에서 연습하며 자세와 제스처를 점검하세요. 당당한 자세, 적절한 손동작, 효과적인 아이 콘택트를 통해 자신 있는 이미지를 만듭니다.

8. 동적 프레젠테이션 구현

한 자리에 고정되지 말고 공간을 전략적으로 활용하세요. 청중과의 거리를 적절히 조절하며, 에너지 있는 움직임으로 주의를 집중시킵니다.

9. 흥미로운 콘텐츠 설계

청중의 호기심을 자극하는 새로운 정보와 통찰을 제공하세요. 스토리텔링, 비유, 예시를 활용해 메시지를 더 생생하게 전달합니다.

10. 멀티미디어 활용 극대화

시각자료, 데이터, 실제 시연 등 다양한 요소를 활용해 청중의 오감을 자극하세요. 특히 시각적 요소는 메시지의 임팩트를 크게 높일 수 있습니다.

이러한 연습은 하루아침에 완성되지 않습니다. 하지만 꾸준한 실천을 통해 자연스럽고 설득력 있는 스피치 실력을 갖출 수 있습니다. 중요한 것은 시작하는 것입니다. 오늘부터 한 가지씩 실천해보세요.

03
무대 위 자신감, 스피치 3대 핵심 기술 공개

말에는 힘이 있습니다. 하지만 그 힘을 제대로 전달하기 위해서는 단순한 말하기를 넘어, 표현력과 자신감이 뒷받침되어야 합니다. 효과적인 스피치는 타고난 재능이 아니라 훈련을 통해 누구나 익힐 수 있는 기술입니다. 이 글에서는 당당하고 매력적인 스피커로 성장하기 위한 세 가지 핵심 요소—스토리텔링, 목소리 트레이닝, 제스처 활용—를 소개합니다. 지금부터 말에 자신감을 담는 실전 훈련을 시작해보세요.

1) 스토리텔링
자신의 메시지를 스스로 찾아내어 전달할 수 있도록 돕는다.
· 연기 감각

- 타이밍
- 몸동작
- 질문법
- 감정 언어

2) 목소리 트레이닝

목소리가 작거나 옹알옹알한 음성을 정확하고 또렷하며 힘센 목소리로 교정한다.

- 복근 강화 윗몸 일으키기
- 복식호흡법 훈련
- 발성 훈련하기
- 나무젓가락 물고 발성

3) 제스처 (신체 언어)

역동적인 제스처, 몸짓, 손짓 등을 개발하여 사용한다.

- 시선 처리
- 방향
- 손짓과 몸짓
- 움직임
- 적절한 제스처

스피치는 기술이 아닌 실천이다

말에는 분명 힘이 있습니다. 그러나 그 힘은 '연습'과 '실천'을 통해 완성됩니다. 누군가는 타고난 말솜씨로 주목을 받을지 몰라도, 진짜 영향력 있는 스피커는 훈련된 자신감과 진정성으로 사람의 마음을 움직입니다.

스피치는 연습하는 만큼 성장합니다. 거울 앞에서 반복된 제스처, 소리 내는 목소리 훈련, 짧은 자기소개를 반복해서 다듬는 그 모든 순간이 당신의 영향력을 키우는 시간입니다.

지금 시작하세요.
당신의 말이 브랜드가 되고, 영향력이 되고, 변화의 시작이 될 수 있습니다.
단 3분의 스피치가, 누군가에게는 큰 울림이 됩니다. 그리고 그 울림의 중심에 당신이 있을 수 있습니다.

〈실전 훈련〉

짧고 간결한 스피치 만들기

다음 아래에 제시한 상황별로 짧고 간결한 문장의 스피치를 구성하고 발표해봅니다. 다음 아래의 내용은 〈실전 연습〉입니다. 작성하여 발표합니다.

자기소개하기

_____

_____

명언과 좋은 글귀로 서두(오프닝)

_____

_____

자신의 실패담, 성공담

_____

_____

[8장]
세계를 움직인 스피치 전략

01
말의 힘으로 세계를 움직이다

"말 한마디가 천 냥 빚을 갚는다."라는 속담은 시대가 바뀌어도 여전히 유효합니다. 하지만 이제 그 '한마디'는 단순한 언변이 아니라 전략이며, 감정이며, 인간관계의 모든 것입니다.

미국의 전·현직 대통령들, 특히 도널드 트럼프는 '스피치'라는 무기를 통해 대중의 마음을 사로잡고, 협상 테이블의 분위기를 장악하며, 세계 정치의 흐름마저 주도했습니다. 그의 연설은 완벽하게 세련되지 않았지만, 강력한 공감과 진정성을 담고 있었습니다.

이 글은 트럼프와 미국 대통령들의 스피치 사례를 통해 우리가 비즈니스와 일상에서 활용할 수 있는 '말의 전략'을 구체적으로 소개합니다. 말에는 사람을 움직이는 힘이 있습니다.

지금, 그 힘의 정수를 만나보세요.

대통령들의 유머와 공감의 기술

유능한 연설가들은 청중의 마음을 사로잡는 특별한 비결이 있습니다. 그것은 바로 자신만의 진정성과 적절한 유머의 조화입니다. 미국 대통령들의 연설 사례를 통해 효과적인 스피치 전략을 살펴보겠습니다.

개인적 경험의 공유

조지 W. 부시 전 대통령의 예일대 졸업식 연설은 자신의 평범했던 학점을 유머러스하게 언급하며 청중과 공감대를 형성했습니다. "C 학점을 받은 학생 여러분도 미국의 대통령이 될 수 있다."라는 유머러스한 메시지는 졸업생들에게 희망과 용기를 전달했습니다.

진정성 있는 감사 표현

버락 오바마의 당선 승리 연설에서는 아내 미셸에 대한 진심 어린 감사를 표현했습니다. 이는 단순한 정치인의 모습이 아닌, 한 가정의 남편으로서의 모습을 보여주며 청중과 더 깊은 교감을 끌어냈습니다.

유머를 통한 친근감 형성

로널드 레이건 전 대통령은 자신의 기억력을 두고 재치 있는 농담을 했습니다. 이러한 자기 패러디는 청중과의 거리를 좁히고, 스피치의 긴장감을 효과적으로 해소했습니다.

현대 스피치에 주는 시사점

1. 완벽한 이미지보다는 진정성 있는 모습을 보여주세요.
2. 적절한 유머는 메시지 전달력을 높입니다.
3. 개인적인 이야기는 청중과의 공감대를 형성합니다.
4. 자연스러운 실수나 약점도 때로는 강력한 소통 도구가 될 수 있습니다.

스피치는 단순한 정보 전달이 아닌, 청중과의 진정성 있는 소통입니다. 청중의 마음을 움직이는 연설을 위해서는 때로는 완벽한 모습보다 인간적인 모습을 보여주는 것이 더 효과적일 수 있습니다.

02
트럼프식 스피치 전략 완전 해부

비즈니스와 외교 무대에서 가장 중요한 것은 효과적인 커뮤니케이션입니다. 2018년 싱가포르 북미 정상회담에서 보여준 트럼프 전 대통령의 협상 스피치는 이를 잘 보여주는 사례입니다.

미국식 협상의 특징과 핵심 전략

미국인들의 커뮤니케이션 스타일은 적극적이고 주도적입니다. 강한 아이 콘택트와 확신에 찬 톤으로 자신의 메시지를 전달하는 것이 특징이죠. 하지만 숙련된 협상가들은 이러한 특성을 상황에 맞게 조절할 줄 압니다.

실전에서 통하는 협상 커뮤니케이션의 핵심

1. 분위기 조성의 기술

- 편안한 대화 환경 만들기가 첫 단계
- 상대방이 긴장을 풀고 대화에 집중할 수 있도록 유도
- 본론 진입 전 적절한 small talk으로 라포 형성

2. 전략적 경청

- 불필요한 말을 줄이고 핵심만 전달
- 상대방의 발언 기회를 충분히 제공
- 상대의 의견을 존중하는 모습을 보여주기

3. 비언어적 소통의 활용

- 상황에 맞는 적절한 신체 접촉
- 밝은 표정과 열린 자세 유지
- 상대방 문화를 고려한 제스처 사용

이러한 전략들은 비즈니스 협상은 물론, 일상적인 업무 소통에서도 충분히 활용할 수 있습니다. 특히 다양한 문화권의 사람들과 협업이 필요한 현대 비즈니스 환경에서는 더욱 중요한 스킬이 되었습니다.

결국 성공적인 협상이란, 상대방을 압도하는 것이 아니라 함께 윈윈할 수 있는 결과를 도출하는 과정입니다. 이를 위해서는 전략적인 커뮤니케이션 스킬과 더불어 진정성 있는 태도가 필수적입니다.

완벽보다 진정성! 즉흥 스피치가 통하는 이유

현대 커뮤니케이션에서 가장 주목받는 것은 진정성입니다. 2016년 미국 대선에서 트럼프가 보여준 스피치 스타일은 이러한 트렌드를 정확히 반영했습니다. 그의 연설 방식에서 배울 수 있는 실용적인 커뮤니케이션 전략을 살펴보겠습니다.

스토리텔링의 힘

전통적인 정치 연설이 정책 나열과 비판에 집중했다면, 트럼프는 청중과 감정적 교감을 중시했습니다. 복잡한 경제 용어 대신 일상적 언어를, 장황한 설명 대신 핵심 메시지를 선택했죠. 이는 현대 비즈니스 커뮤니케이션에서도 매우 중요한 포인트입니다.

즉흥성이 만드는 진정성

준비된 원고나 텔레프롬프터 없이 진행되는 즉흥 연설은 위험

할 수 있지만, 제대로 활용하면 강력한 무기가 됩니다. 청중들은 완벽하게 다듬어진 메시지보다 진솔한 소통을 더 신뢰하는 경향이 있기 때문입니다.

효과적인 커뮤니케이션을 위한 핵심 요소

1. 청중의 눈높이 맞추기

- 불필요한 전문용어 피하기
- 핵심 메시지를 명확하게 전달
- 청중의 관심사에 집중

2. 감정적 연결 만들기

- 개인적인 스토리 활용
- 공감대 형성을 위한 직설적 표현
- 열정적인 전달 방식

3. 메시지의 단순화

- 핵심 포인트 중심으로 구성
- 불필요한 설명 제거
- 반복을 통한 강조

현대의 커뮤니케이션은 형식보다 내용, 격식보다 진정성에 무게를 둡니다. 물론 상황과 맥락에 맞는 적절한 균형이 필요합니다. 과도한 직설적 표현은 피하되, 청중과의 진정성 있는 소통을 추구하는 것이 핵심입니다.

이러한 접근은 비즈니스 프레젠테이션, 팀 리더십, 고객 미팅 등 다양한 전문적 맥락에서 활용할 수 있습니다. 결국 성공적인 커뮤니케이션의 비결은 청중과의 진정한 교감에 있다는 것을 기억해야 합니다.

03
첫 5분에 승부를 건다

성공적인 비즈니스 협상은 치밀한 준비와 세련된 실행력의 조화에서 시작됩니다. 트럼프의 협상 스타일에서 배울 수 있는 실질적인 비즈니스 협상 전략을 살펴보겠습니다.

80:20의 법칙

성공적인 협상의 80%는 준비 단계에서 결정됩니다. 상대방에 대한 깊이 있는 이해, 명확한 목표 설정, 그리고 세부 전략 수립이 이에 해당합니다. 실제 협상 테이블에서의 실행은 나머지 20%를 차지하죠.

첫인상 관리의 기술

협상의 첫 5분은 이후 진행될 전체 협상의 방향을 결정할 만큼 중요합니다. 이 시간을 효과적으로 활용하기 위한 핵심 요소들입니다.

비언어적 커뮤니케이션
- 자연스러운 미소와 열린 자세 유지
- 적절한 아이 콘택트로 신뢰감 형성
- 상황에 맞는 제스처 활용

전략적 라포 형성
- 상대방을 배려하는 섬세한 태도
- 공통 관심사를 활용한 대화 시작
- 적절한 타이밍의 신체적 교감 (악수, 가벼운 터치 등)

상호 존중의 대화법
협상은 일방적인 주장이 아닌 상호 이해의 과정입니다. 효과적인 협상을 위한 대화 기술

1. 균형 잡힌 발언 기회
- 자신의 의견 제시 후 상대방의 반응 기다리기
- 적극적 경청으로 상대방 의견 존중하기
- 건설적인 피드백 주고받기

2. 합의점 도출 전략

- 공통 이익 찾기
- 단계적 합의 이끌어내기
- 장기적 관계 구축 고려하기

결국 성공적인 비즈니스 협상이란, 일시적인 승리가 아닌 지속 가능한 파트너십을 구축하는 과정입니다. 상대방을 존중하고 배려하는 진정성 있는 태도야말로 가장 강력한 협상 무기가 될 수 있습니다.

이러한 접근법은 비즈니스 미팅, 계약 협상, 팀 간 조율 등 다양한 전문적 상황에서 활용할 수 있습니다. 중요한 것은 형식적인 매너가 아닌, 진정성을 바탕으로 한 전략적 소통입니다.

04
상대를 끌어당기는 실전 협상 언어

성공적인 비즈니스 협상의 핵심은 단순한 조건 제시가 아닌 전략적인 커뮤니케이션에 있습니다. 실전에서 바로 활용할 수 있는 핵심 협상 기술을 알아보겠습니다.

아이스브레이킹의 기술
본격적인 협상 전 분위기 조성은 성패를 가르는 중요한 요소입니다.

효과적인 시작을 위한 전략
1. 상황에 맞는 가벼운 대화로 시작
- 공통 관심사를 활용한 자연스러운 대화
- 시의적절한 유머의 활용

- 상대방의 반응을 살피며 대화 깊이 조절

२. 데이터를 활용한 설득력 강화
- 구체적인 숫자 활용으로 신뢰도 제고
- 객관적 자료를 통한 논리 전개
- 핵심 지표 중심의 대화 전개

실전 협상의 핵심 요소

1. 적극적 경청과 관찰
- 상대방의 말에 집중하는 자세
- 비언어적 신호 읽기
- 핵심 포인트 파악과 적절한 반응

2. 감정 컨트롤과 인내심
- 감정적 대응 자제
- 장기적 관점 유지
- 일관된 태도 견지

3. 긍정적 피드백 활용
- 상대방의 장점 인정

- 구체적인 칭찬으로 신뢰 구축
- 건설적인 대화 분위기 조성

협상은 결국 상호 이해를 바탕으로 한 신뢰 구축의 과정입니다. 단기적 이익보다는 장기적 관계 구축을 목표로, 감정을 잘 다스리며 진행하는 것이 중요합니다.

이러한 접근은 비즈니스 계약 협상, 연봉 협상, 프로젝트 조율 등 다양한 전문적 상황에서 활용할 수 있습니다. 중요한 것은 상황에 맞는 유연한 대응과 일관된 태도의 균형입니다.

05
진정성 + 전략 = 세상을 바꾸는 언어

    도널드 트럼프는 전통적인 정치인의 언어를 버리고 '진심 어린 언어', '날 것 그대로의 스토리', '즉흥성과 단순화 전략'을 택함으로써 수많은 지지자들의 마음을 얻었습니다. 그의 말은 정치적이기보다 상인 같았고, 교과서적이기보다 본능적이었습니다. 하지만 그 안에는 놀라운 전략이 숨어 있었습니다.

    조지 부시의 유머, 오바마의 감성, 레이건의 자기 풍자, 그리고 트럼프의 즉흥성과 확신은 모두 다르지만, 한 가지 공통된 진실을 말해줍니다. 스피치의 핵심은 '완벽함'이 아니라 '진정성'과 '전략적 설계'에 있다는 것입니다.

    오늘날 우리는 고객을 설득하고, 회의를 주도하며, 협상을 이

끌어야 하는 시대에 살고 있습니다. 이 글에서 소개한 사례와 전략들은 단순한 대통령의 말이 아닌, '모든 관계의 중심에 선 리더를 위한 실천적 화법'입니다. 이제 여러분의 말에도 힘이 실릴 시간입니다. 말로 감동을 주고, 전략으로 신뢰를 얻으며, 유머로 공감을 끌어내세요. 말의 수준이 곧 당신의 영향력입니다.

[9장]

스티브 잡스에게 배우는
프레젠테이션의 모든 기술

01
스토리텔링은
왜 청중의 뇌를 사로잡는가

"직접 보여주기 전에는 그걸 원한다는 것조차 모르는 경우가 많다."

-스티브 잡스

이 말은 현대 비즈니스 커뮤니케이션의 본질을 정확히 짚어냅니다. 오늘날 성공적인 커뮤니케이션의 핵심은 단순한 정보 전달이 아닌, 매력적인 스토리텔링에 있습니다.

왜 스토리텔링인가? 인간의 뇌는 단순한 데이터나 논리적 설명보다 이야기를 통해 더 효과적으로 정보를 처리하고 기억합니다. 스티브 잡스가 빌 게이츠보다 대중적 카리스마를 발휘할 수 있었던 것도, 그의 인생 자체가 하나의 매력적인 스토리였기 때문입니다. 실패와 재기, 혁신과 도전이라는 보편적 서사가 사람들의 마음을 움직인 것이죠.

실용적인 스토리텔링 전략

1. 개인적 경험의 활용

- 자신만의 독특한 경험을 공유
- 실패와 극복 과정을 포함한 진정성 있는 이야기
- 청중과 공감대를 형성할 수 있는 에피소드 선택

2. 구조화된 메시지 전달

- 도입부: 강력한 에피소드로 관심 유도
- 본론: 핵심 메시지를 스토리로 풀어내기
- 결론: 의미 있는 교훈이나 인사이트 제시

3. 기억에 남는 예시 활용

정주영 회장의 500원짜리 지폐 일화는 스토리텔링의 힘을 보여주는 완벽한 예시입니다. 단순한 투자 유치가 아닌, 한국의 기술력과 역사적 자부심을 하나의 상징적 스토리로 전달했기 때문에 50년이 지난 지금까지도 회자되고 있습니다. (237쪽 실화 설명)

실전 적용을 위한 팁

- 청중의 관심사와 연결된 스토리 선택
- 구체적인 디테일로 생동감 부여
- 보편적 감정과 경험을 활용한 공감대 형성
- 핵심 메시지를 강조하는 방향으로 스토리 구성

현대 비즈니스 환경에서 스토리텔링은 선택이 아닌 필수입니다. 프레젠테이션, 영업, 리더십 등 모든 영역에서 효과적인 스토리텔링은 성공의 핵심 요소가 되었습니다. 자신만의 진정성 있는 스토리를 개발하고 공유하는 것이야말로 현대 비즈니스 커뮤니케이션의 새로운 경쟁력입니다.

"인간에게 있어서 가장 중요한 능력은 자기표현이며, 경영이나 관리는 커뮤니케이션에 의해서 좌우된다".
- 피터 드러커

이 말은 현대 비즈니스에서 더욱 절실한 진리가 되었습니다.

스티브 잡스의 프레젠테이션

스티브 잡스의 프레젠테이션이 특별했던 이유는 단순한 제품 소개가 아닌, 하나의 공연으로 승화시켰기 때문입니다. 그의 프레젠테이션에서 배울 수 있는 핵심 요소들을 살펴보겠습니다.

1. 스토리텔링 중심의 구성
- 복잡한 기술 정보를 이야기로 재구성
- 감성적 내러티브를 통한 메시지 전달
- 청중의 관심을 끄는 스토리 아크 설계

2. 완벽한 준비의 중요성
- 자연스러움을 위한 철저한 리허설
- 모든 요소들의 유기적 조화 추구
- 즉흥성이 아닌 계획된 자연스러움

3. 무대 장악력
- 편안하면서도 카리스마 있는 태도
- 자신 넘치는 보디랭귀지
- 청중과의 아이 콘택트와 상호작용

실전 적용을 위한 조언

프레젠테이션은 더 이상 단순한 정보 전달이 아닌, 청중을 설득하고 감동시키는 종합 예술입니다. 성공적인 프레젠테이션을 위해서는 다음과 같습니다.

- 철저한 사전 준비와 리허설
- 핵심 메시지의 스토리텔링화
- 시각적 요소와 말의 조화
- 자연스러운 무대 매너 연습

이러한 접근은 정기 보고, 클라이언트 미팅, 팀 프레젠테이션 등 다양한 비즈니스 상황에서 활용할 수 있습니다. 중요한 것은 완벽해 보이는 프레젠테이션의 이면에는 항상 철저한 준비가 있다는 점입니다.

당신의 경험이 최고의 스토리가 되는 순간

프레젠테이션의 성공은 내용만큼이나 발표자의 이미지에 의해 좌우됩니다. 전문가적 이미지 구축을 위한 핵심 요소들을 살펴보겠습니다.

전문가다운 외관 관리

시각적 이미지는 메시지의 신뢰도에 직접적인 영향을 미칩니다.

1. 의상의 전략적 활용

- TPO에 맞는 적절한 복장 선택
- 깔끔하고 단정한 스타일링
- 청중과 상황에 맞는 정장 수준 조절

2. 표정 관리의 기술

- 자연스러운 미소의 유지
- 적절한 아이 콘택트
- 편안하면서도 프로페셔널한 표정

호감도를 높이는 비언어적 커뮤니케이션

1. 미소의 전략적 활용

- 프레젠테이션 시작 시 2~3초간의 따뜻한 미소
- 청중과의 시선 교류 시 자연스러운 표정 변화
- 긴장감을 해소하는 편안한 분위기 조성

2. 보디랭귀지의 조화

- 자신 있는 자세
- 개방적인 제스처
- 청중을 포용하는 시선 처리

실전 적용을 위한 체크리스트

- 발표 전 의상과 외모의 완벽한 점검
- 거울을 보며 표정 연습
- 자연스러운 미소 유지 훈련
- 청중과의 아이 콘택트 연습

프레젠테이션은 결국 신뢰를 바탕으로 한 커뮤니케이션입니다. 전문적인 외관 관리와 따뜻한 미소는 이러한 신뢰 구축의 첫걸음이 됩니다. 특히 첫인상이 전체 메시지의 수용도에 큰 영향을 미친다는 점을 항상 기억해야 합니다.

이러한 접근은 비즈니스 미팅, 고객 상담, 팀 프레젠테이션 등 모든 전문적 상황에서 활용할 수 있습니다. 중요한 것은 외적 요소와 내적 전문성의 균형 있는 조화입니다.

점검표

	호감 비율										
	0	10	20	30	40	50	60	70	80	90	100
미소로 스피치											
단정한 옷차림											
나의 옷차림											
무표정으로 스피치											
지저분한 옷차림											
나의 표정											

02
질문 하나가 분위기를 바꾼다

현대 프레젠테이션에서 가장 중요한 요소 중 하나는 청중과의 상호작용입니다. 단순한 일방적 전달이 아닌, 청중의 적극적 참여를 끌어내는 것이 핵심입니다.

효과적인 질문 전략

1. 시작 단계의 아이스브레이킹

- 일상적 인사를 질문 형태로 전환
- 현재 상황과 연관된 간단한 질문 활용
- 청중이 부담 없이 답할 수 있는 수준 유지

2. 참여 유도를 위한 질문 설계

- 예/아니요로 답할 수 있는 단순 질문

1966년 발행된 500원권 지폐
뒷면에 거북선이 그려져 있다. 박정희 대통령의 특명을 받은 정주영 현대 회장은 "기술도 없는 한국에 차관을 줄 수 없다."라는 영국 애플도어사(社) 회장에게 이 지폐의 거북선 그림을 보여주는 기지로 설득에 성공했다. 거짓말 같은 실화고, 비즈니스 신화다. /아산 정주영 기념관 조선일보DB

[10장]

청중을 사로잡는 힘, 조조의 언변술로 풀다

01
프레젠테이션에 생명력을 불어넣는 이벤트 전략

존 맥스웰이 말했듯이, 성공적인 프레젠테이션은 단순한 정보 전달을 넘어 청중과의 진정한 교감에서 시작됩니다. 현대 비즈니스 환경에서 이러한 상호작용은 더욱 중요해지고 있습니다.

청중 참여 유도 전략

효과적인 구호 활용

전문적인 비즈니스 환경에서도 적절한 구호는 강력한 효과를 발휘할 수 있습니다.

- "우리는 혁신의 주역입니다."
- "변화를 주도하는 우리가 됩시다."
- "함께라면 불가능은 없습니다."

상호작용 활동

현대적인 비즈니스 문맥에 맞는 네트워킹 활동

1. 전략적 파트너 매칭
2. 아이디어 교환 세션
3. 팀 빌딩 미니 워크숍

분위기 조성을 위한 커뮤니케이션 기법

시작 단계

- 청중의 니즈 파악을 위한 개방형 질문
- 공감대 형성을 위한 시의적절한 화제 제시
- 전문성과 친근함의 균형 잡힌 자기소개

진행 과정

- 양방향 세션을 통한 참여 유도
- 실시간 피드백 수집 및 반영
- 맞춤형 사례 연구 활용

비언어적 커뮤니케이션의 중요성

표정 관리

- 자신 있는 미소

- 열린 자세
- 적절한 아이 콘택트

공간 활용

- 무대 전체를 활용한 동선
- 청중과의 거리 조절
- 효과적인 제스처

실전 적용 팁

1. 시간대별 참여 전략

- 오전: 에너지 레벨을 높이는 활동
- 오후: 집중력 회복을 위한 상호작용
- 마무리: 핵심 메시지 강화 활동

2. 청중 규모별 맞춤 접근

- 소규모(30명 이하): 심층적 토론과 교류
- 중규모(30~100명): 그룹 활동 중심
- 대규모(100명 이상): 디지털 도구를 활용한 참여

프레젠테이션의 성공은 단순한 내용 전달을 넘어 청중과의 진정한 교감에 있습니다. 적절한 이벤트와 상호작용은 메시지의 효과

를 극대화하고, 장기적인 영향력을 창출할 수 있습니다. 이러한 요소들을 전략적으로 활용하여 여러분의 프레젠테이션을 더욱 임팩트 있게 만들어보세요.

02
고전을 현실로 바꾸는 힘, 명언으로 설득하라

역사적 인물들의 웅변술에서 배우는 스피치 전략

위대한 리더들의 언변은 시대를 초월하여 우리에게 영감을 줍니다. 특히 삼국지의 주요 인물들이 보여준 뛰어난 설득력은 현대 비즈니스 커뮤니케이션에도 중요한 통찰을 제공합니다.

제갈량의 전략적 커뮤니케이션
- 상황에 맞는 은유 활용
- 청중의 관심사에 맞춘 메시지 구성
- 논리와 감성의 균형 잡힌 전달

현대 비즈니스에 적용하는 고전의 지혜

리더십 커뮤니케이션의 핵심 원칙

1. 상황 인식

"혜안이 있는 자는 멀리 보고 작은 것에서도 전체를 꿰뚫어 본다."

- 장기적 비전과 즉각적 실행의 조화

2. 인재 발굴과 육성

"품행이 바른 사람만이 실력을 갖춘 것은 아니다."

- 다양한 관점과 능력의 가치 인정

3. 회복 탄력성

"죽고 사는 것은 하늘에 달렸으니, 이를 걱정함은 어리석은 일이다."

- 불확실성 속에서의 결단력

프레젠테이션에 활용하는 명언과 격언

전략적 사고

"빨리 가려면 혼자 가고 멀리 가려면 함께 가라."

- 팀워크와 장기적 성공의 관계

균형 잡힌 삶

"소식, 소육, 소염, 다채, 다과, 다초" (3소 3다)
- 현대적 해석: 모든 것의 적절한 균형이 성공의 열쇠

자기계발
"나이 쉰이 넘으면 입은 닫고 지갑은 열어라."
- 현대적 의미: 경험을 통한 겸손과 투자의 지혜

효과적인 인용 활용법

1. 상황 연계성
- 발표 주제와 자연스러운 연결
- 청중의 공감대 형성

2. 현대적 재해석
- 고전의 지혜를 현재 상황에 적용
- 실용적 시사점 도출

3. 임팩트 있는 전달
- 적절한 타이밍 선택
- 감정적 공명 유도

이러한 고전의 지혜를 현대 비즈니스 상황에 맞게 재해석하고

활용함으로써, 우리는 더욱 설득력 있고 영향력 있는 커뮤니케이션을 할 수 있습니다. 중요한 것은 단순한 인용을 넘어, 그 속에 담긴 본질적 통찰을 현대적 맥락에서 새롭게 이해하고 적용하는 것입니다.

03
조조의 말 한마디에 담긴 리더십

조조는 단순한 역사적 인물을 넘어 뛰어난 언변과 리더십의 대명사로 여겨져 왔습니다. 중국 현대문학의 거장 노신이 '재능이 뛰어난 영웅'으로 평가했으며, 마오쩌둥이 가장 자주 언급한 역사적 인물이라는 점은 그의 영향력을 잘 보여줍니다.

특히 주목할 만한 것은 조조의 상황 판단력과 이를 표현하는 언어 능력입니다. 그의 발언은 단순한 수사적 기교를 넘어 전략적 소통의 정수를 보여줍니다. 예를 들어, 신하들의 우유부단한 태도를 지적할 때는 "여기 계신 대신들이 모두 계집 같아 보입니다."라는 강력한 비유를 사용하여 문제의 본질을 꿰뚫었습니다.

현대 비즈니스 리더십의 관점에서 보면, 조조의 언변술은 다음과 같은 특징을 보입니다.

1. 상황에 맞는 적절한 톤과 메시지 선택
2. 청중의 심리를 고려한 효과적인 설득
3. 위기 상황에서의 명확한 의사전달
4. 비유와 은유를 활용한 강력한 메시지 전달

이러한 조조의 소통 방식은 오늘날 조직 관리와 리더십에서도 여전히 유효한 모델이 됩니다. "넌 조조 같다."라는 표현이 칭찬으로 받아들여지는 것도 이러한 맥락에서 이해할 수 있습니다.

현대 사회에서 리더의 위치에 있는 사람들에게 조조의 언변술이 주는 교훈은 분명합니다. 단순히 말을 잘하는 것이 아니라, 상황을 정확히 파악하고 필요한 메시지를 효과적으로 전달하는 능력이야말로 진정한 리더십의 핵심이라는 점입니다.

04
조조의 언변에서 배우는 현대적 소통의 지혜

조조는 흔히 '간웅'으로 알려져 있지만, 그의 진면목은 뛰어난 전략가이자 수사학의 대가였다는 점에 있습니다. 그의 언변술은 오늘날 리더십 커뮤니케이션의 본보기로 여전히 유효합니다.

조조의 외모는 7척 키에 깡마른 체구, 긴 코와 뾰족한 턱을 가진 것으로 묘사됩니다. 그러나 그의 진정한 매력은 외모가 아닌 탁월한 소통 능력에 있었습니다. 특히 그의 언변은 다음과 같은 현대적 의미를 지닙니다.

1. 상황 인식과 직접적 소통

조조는 20대, 30대, 40대를 거치며 원소와의 관계 변화를 명확하게 표현했습니다. 이는 현실을 있는 그대로 인정하고 직시하는 통찰력을 보여줍니다. 오늘날 리더에게도 요구되는 핵심 덕목입니다.

2. 인재 등용과 신뢰 구축

"나에게 대업을 이루어 줄 사람은 반드시 이 사람일 것이다."라는 그의 말은 인재를 알아보는 안목과 함께, 공개적인 신뢰 표명이 조직 내 충성도를 높이는 방법임을 보여줍니다.

3. 진정성 있는 감정 표현

곽가의 죽음 앞에서 보여준 진심 어린 애도는 리더가 가져야 할 인간적인 면모를 잘 보여줍니다. 이는 현대 리더십에서 강조되는 '감성 지능'의 중요성과 맞닿아 있습니다.

05
조조의 성공 전략에서 배우는 현대적 소통법

오늘날 비즈니스 리더십에서 가장 중요한 것은 단순한 말솜씨가 아닌, 깊이 있는 통찰력과 실행력의 조화입니다. 조조의 리더십에서 발견되는 핵심 요소들은 현대 경영 환경에서도 여전히 유효한 통찰을 제공합니다.

조조가 보여준 리더십의 핵심은 크게 두 가지로 요약됩니다.

첫째, 실질적 가치 창출을 통한 신뢰 구축입니다. 혼란한 시대 상황에서 조조는 농업 생산과 물자 비축이라는 실질적인 경제 기반을 먼저 구축했습니다. 이는 오늘날로 치면 지속 가능한 비즈니스 모델 구축과 재무적 안정성 확보에 해당합니다.

둘째, 적극적 경청과 실행의 조화입니다. 유비와 함께 조조가 가진 뛰어난 점은 인재의 의견을 귀담아듣고 이를 실행에 옮기는 능력이었습니다. 특히 원소와의 전투 전 곽가의 의견을 경청하고 받아들인 것은 전략적 의사결정의 모범 사례입니다.

현대 비즈니스 리더에게 주는 시사점
1. 실질적 가치 창출이 먼저입니다. 화려한 수사보다 실제적인 성과가 조직의 신뢰를 구축합니다.
2. 경청은 단순한 예의가 아닌 전략적 도구입니다. 조직 내 전문가의 의견을 귀담아 듣고 이를 의사결정에 반영하는 것이 중요합니다.
3. 통찰력 있는 커뮤니케이션이 필요합니다. 당장의 이익이 아닌 장기적 관점에서 조직의 방향을 제시하고 구성원들과 공유해야 합니다.

결론적으로, 진정한 리더십 커뮤니케이션은 단순한 말재주가 아닌, 깊이 있는 통찰력과 실행력, 그리고 경청하는 자세의 균형에서 비롯됩니다. 이것이 바로 조조의 리더십이 현대 경영자들에게 주는 핵심 메시지입니다.

06
관도대전에서 배우는 리더십 화법

서기 200년의 관도대전은 단순한 전투가 아닌, 리더십과 전략적 소통의 교과서적 사례를 보여줍니다. 특히 조조가 보여준 리더십 커뮤니케이션은 오늘날 기업 경영에도 적용할 수 있는 중요한 교훈을 제공합니다.

전략적 통찰력과 소통의 힘

조조는 7만의 정예군으로 70만 대군과 맞서는 극단적 상황에서, 다음과 같은 리더십 원칙을 보여줍니다.

1. 장기적 비전과 준비

"이번 전쟁은 8년 전에 예상했다."라는 발언은 장기적 안목의 중요성을 강조합니다. 현대 경영에서도 시장 변화를 예측하고 준비하는 것이 핵심 경쟁력입니다.

2. 질적 우위의 강조

"군사는 수보다 날렵함이오. 용기보다 책략이라!"라는 메시지는 양적 열세를 질적 우위로 극복할 수 있다는 자신감을 보여줍니다. 이는 현대 기업의 차별화 전략과 맥을 같이합니다.

3. 성과 공유와 인정

승리 후 "이는 나와 함께한 그대들의 공이다."라는 발언은 성과를 구성원들과 공유하는 현대적 리더십의 모범을 보여줍니다.

현대 경영에 주는 시사점.

1. 위기 상황에서의 리더십

- 불리한 상황에서도 명확한 비전 제시
- 구성원들의 자신감 고취
- 실질적인 성과 보상 시스템 구축

2. 전략적 커뮤니케이션

- 데이터에 기반한 설득력 있는 메시지

- 구체적 수치와 계획을 통한 신뢰 구축
- 팀원들과의 성과 공유

3. 조직문화 형성
- 공정한 평가와 보상
- 팀워크의 중요성 강조
- 장기적 비전 공유

조조의 리더십이 보여주는 가장 큰 교훈은 단순한 카리스마나 말솜씨를 넘어, 철저한 준비와 전략적 사고, 그리고 구성원과의 진정성 있는 소통이 조직의 성공을 이끈다는 점입니다. 이는 오늘날 기업 경영에서도 여전히 유효한 진리입니다.

07
조조에게서 배우는 균형 잡힌 리더의 모습

오늘날 리더십에서 가장 중요한 요소 중 하나는 전문성과 인간미의 균형입니다. 조조의 사례는 이러한 균형 잡힌 리더십의 완벽한 본보기를 보여줍니다.

진정성 있는 책임의식

보리밭 사건(263쪽 설명)은 리더의 책임감이 어떠해야 하는지를 보여주는 상징적 사례입니다. 조조는 자신이 정한 규칙을 스스로 어겼을 때, 대체적 처벌이라는 창의적 해결책을 통해 법치의 원칙과 인간적 융통성을 동시에 보여주었습니다. 이는 현대 조직에서도 중요한 '원칙과 유연성의 조화'를 시사합니다.

포용적 리더십의 실천

원소의 책사를 대하는 태도에서 볼 수 있듯이, 조조는 과거의 적대 관계를 넘어 인재의 가치를 인정하고 포용하는 진보적 리더십을 보여줍니다. "이제 내 사람이 된 이상 지난 과거는 묻지 않겠노라."라는 말은 현대 조직에서도 유효한 인재 관리의 핵심 원칙을 담고 있습니다.

문화적 소양과 감성 리더십

조조의 시문학적 재능은 단순한 취미를 넘어 리더십의 중요한 요소였습니다. 〈단가행〉에서 보여주는 그의 문학적 감성은 현대의 관점에서 보면 다음과 같은 리더십 요소를 시사합니다.

1. 비전 제시 능력
- 큰 그림을 그리는 전략적 사고
- 구성원들에게 영감을 주는 소통력

2. 균형 잡힌 감성
- 위엄과 인간미의 조화
- 유머와 위트를 통한 소통

3. 전인적 리더십
- 업무 능력과 문화적 소양의 균형
- 다면적 능력 개발의 중요성

현대 리더에게 주는 시사점
1. 진정성 있는 책임의식 강조
2. 포용적이고 열린 조직문화 구축
3. 감성적 소통 능력 개발
4. 문화적 소양을 통한 통찰력 확보
5. 유연하면서도 원칙있는 문제 해결 능력

결론적으로, 조조의 리더십은 오늘날 우리에게 '완성형 리더'의 모습을 보여줍니다. IQ나 실무 능력만이 아닌, EQ와 문화적 소양을 겸비한 균형 잡힌 리더십이야말로 진정한 성공의 비결임을 시사합니다.

08
조조의 리더십에서 배우는 현대적 교훈

오늘날 비즈니스 환경에서 효과적인 커뮤니케이션 능력은 핵심 경쟁력입니다. 조조의 리더십 사례는 인문학적 소양이 어떻게 탁월한 커뮤니케이션 능력으로 이어지는지를 보여줍니다.

혁신적인 인재 경영
조조가 실행한 '구현령'과 '술지령'은 현대 조직문화에도 시사하는 바가 큽니다.

1. 열린 인재 채용 정책
- 신분이나 배경과 관계없이 실력 중심의 인재 등용
- 다양성과 포용성을 통한 조직 경쟁력 강화

2. 투명한 리더십

- 명확한 비전과 의도 공유
- 신뢰 기반의 조직문화 구축

실천적 리더십 개발 방안

1. 체계적인 학습

- 정기적인 독서와 토론 참여
- 다양한 분야의 지식 습득을 통한 통찰력 개발

2. 커뮤니케이션 스킬 향상

- 풍부한 어휘력 개발
- 상황에 맞는 적절한 표현력 습득

3. 인문학적 소양 함양

- 고전 독서를 통한 지혜 습득
- 문학적 감성을 통한 설득력 강화

현대 기업 환경에서의 적용

1. 정기적인 학습 프로그램 운영

- 독서 토론 모임 활성화
- 주제별 발표 기회 제공

2. 실전 커뮤니케이션 훈련
- 프레젠테이션 실습
- 토론 중심의 회의 문화 정착

3. 문화적 소양 개발
- 다양한 문화 체험 기회 제공
- 인문학적 교양 프로그램 운영

결론적으로, 현대 리더에게 필요한 것은 단순한 말하기 기술이 아닌, 깊이 있는 인문학적 소양에 기반한 통찰력과 표현력입니다. 조조의 사례는 이러한 균형 잡힌 발전이 어떻게 탁월한 리더십으로 이어지는지를 보여주는 좋은 본보기입니다.

조조는 군사가, 정치가로서뿐만 아니라 문학가이자 수사학자로서도 뛰어난 면모를 보였습니다. 그의 말과 글은 단순한 설득을 넘어 시대를 초월한 지혜를 담고 있습니다. 현대의 리더들이 조조의 언변술에서 배워야 할 점은 바로 이런 종합적인 소통 능력입니다.

오늘날 비즈니스 환경에서도 조조의 이러한 소통 방식은 여전히 유효합니다. 상황을 정확히 읽고, 필요한 메시지를 효과적으로 전달하며, 진정성 있는 감정 표현을 통해 구성원들과 공감대를 형성하는 것. 이것이 바로 조조의 언변이 현대 리더들에게 주는 핵심 교훈일 것입니다.

조조의 보리밭 사건

군대를 끌고 허도를 지나가던 조조가 "민간인 소유의 보리밭을 함부로 밟으면 참수하겠다."라는 명령을 내렸다. 하필 그때 날아오르는 비둘기에 놀란 조조의 말이 보리밭을 침범한다.
"내 스스로 목을 베어 군령의 준엄함을 보이겠노라!"
부하들이 조조의 자결을 극구 말렸다.
"승상이 보리밭을 침범해 마땅히 참수해야 하지만 특별히 머리털을 자르는 것으로 대신하니 그대들은 더욱 조심하라!"
마지못해 칼을 거둔 조조는 이렇게 지시했다.

[11장]

제갈량의 유세술과 설득의 심리학

01
제갈량의 승상 임명과 조직 신뢰의 힘

우리는 흔히 '인간은 사회적 동물'이라는 말을 듣습니다. 이는 단순한 격언이 아닌, 현대 사회에서 더욱 절실해진 소통의 중요성을 강조하는 말이기도 합니다. 영국의 '능변가는 친구가 많다.'라는 속담처럼, 효과적인 의사소통 능력은 현대 사회에서 성공의 핵심 요소가 되었습니다.

소크라테스의 "말하라, 그것에 의해 나는 너를 보리라."라는 명언은 오늘날 기업 문화에서도 여전히 유효합니다. 특히 리더의 커뮤니케이션 스타일은 조직의 성패를 좌우하는 중요한 요소입니다. 현대의 조직문화에서 한비자가 경고했던 "상하 간의 어설픈 소통이 관계를 위험하게 만든다."라는 통찰은 더욱 의미심장하게 다가옵니다.

제갈량과 유비의 관계는 현대 조직에서 추구해야 할 리더십의 본질을 보여줍니다. 유비가 제갈량을 전적으로 신뢰했던 것처럼, 오늘날의 리더십에서도 신뢰를 바탕으로 한 권한 위임은 핵심적인 요소입니다. 경영 컨설턴트 기블린이 강조했듯이, 자신 넘치는 태도와 명확한 비전 제시는 리더가 갖춰야 할 필수적인 자질입니다.

40세의 나이에 승상이 된 제갈량의 사례는 현대적 관점에서 보면 총리, 경제 부총리, 합참의장, 서울시장을 겸직하는 수준의 막중한 책임을 의미합니다. 이는 단순한 권력 집중이 아닌, 탁월한 리더십과 충성심을 겸비한 인재에 대한 전폭적인 신뢰의 결과였습니다. 고대 중국의 보정대신(輔政大臣) 제도가 보여주듯, 능력과 신뢰를 겸비한 리더는 조직의 안정과 성장에 필수적인 요소입니다.

이러한 역사적 통찰은 현대 조직에서 리더십과 소통, 신뢰의 중요성을 다시 한번 일깨워줍니다. 오늘날 우리가 추구해야 할 리더십의 본질은 결국 명확한 소통과 상호 신뢰에 기반한 것이어야 합니다.

전략적 소통의 대가, 제갈량의 적벽대전 협상술

삼국지에서 가장 극적인 전환점이었던 적벽대전의 이면에는 28세 제갈량의 뛰어난 외교술이 있었습니다. 208년, 조조의 대군이 남하하는 위기 상황에서 제갈량은 오나라와의 연합이라는 결정적인 전략을 성공시켰습니다.

특히 주목할 만한 것은 제갈량의 협상 전략입니다. 그는 오나라 조정에서 펼친 설득에서 현대 비즈니스 협상에서도 통용될 수 있는 세 가지 핵심 전략을 보여줍니다.

첫째, 상대방의 입장에서 시작하는 것입니다. 제갈량은 오나라의 상황을 객관적으로 분석하며 논의를 시작했습니다. "강동의 힘을 헤아리시어 의견을 정하십시오."라는 그의 접근은 오늘날로 보면 데이터에 기반한 의사결정의 중요성을 강조한 것이라 할 수 있습니다.

둘째, 선택권을 제시하는 방식입니다. 그는 항복이나 전쟁이라는 두 가지 선택지를 제시하면서도, 실질적으로는 전쟁만이 유일한 선택지임을 암시적으로 전달했습니다. 이는 현대의 협상 이론에서 말하는 '프레이밍 효과'를 효과적으로 활용한 사례입니다.

셋째, 가치와 명분의 활용입니다. 제갈량은 단순히 실리적 계산을 넘어, 유비의 정통성과 의리라는 가치를 강조했습니다. '황실의 후예'라는 정통성과 '의리를 지키는' 가치는 당시 손권의 결단을 끌어내는 결정적 요인이 되었습니다.

이러한 제갈량의 협상술은 오늘날 비즈니스 환경에서도 시사하는 바가 큽니다. 객관적 데이터 분석, 전략적 선택지 제시, 그리고 조직의 가치와 비전 제시는 현대 경영에서도 핵심적인 설득 요소입니다.

적벽대전의 승리로 제갈량은 군사중랑장이라는 새로운 직책을 맡게 됩니다. 이는 단순한 승진이 아닌, 뛰어난 전략적 사고와 커뮤니케이션 능력에 대한 인정이었습니다. 오늘날의 관점에서 보면, 이는 탁월한 비즈니스 전략가가 최고 전략 책임자(CSO)로 발탁되는 것과 유사한 상황이라 할 수 있습니다.

02
제갈량에게 배우는 말의 기술

현대 비즈니스 환경에서 효과적인 커뮤니케이션의 핵심은 명확성과 간결함입니다. 벤저민 프랭클린의 "받은 상처는 모래에 기록하고 받은 은혜는 대리석에 새겨라."라는 말처럼, 우리의 언어 선택은 깊은 영향을 미칩니다.

효과적인 커뮤니케이션을 위한 실천 가이드
1. 메시지의 명확화
- 핵심 메시지를 한 문장으로 정리
- 주어, 목적어, 술어의 명확한 구성
- 불필요한 수식어 제거

2. 전략적 준비

- 대화의 목적 명확화
- 청중 분석
- 핵심 포인트 메모
- 예상 질문 준비

3. 균형 잡힌 전달

- 적절한 유머와 위트 활용
- 긴장 완화를 위한 화법 구사
- 상황에 맞는 톤과 속도 조절

삼국지의 제갈량 일화는 전략적 커뮤니케이션의 중요성을 잘 보여줍니다. 그의 시구 "큰 꿈을 뉘라 먼저 깰 것인가"는 단순한 시가 아닌, 자신의 가치와 비전을 함축적으로 전달하는 전략적 메시지였습니다.

현대 비즈니스 환경에서의 적용

1. 메시지 설계

- 목적에 맞는 핵심 내용 선별
- 청중의 관심사와 연계

- 명확한 행동 지침 제시

2. 전달 방식
- 간결하고 정확한 표현
- 적절한 사례와 비유 활용
- 쌍방향 소통 기회 창출

3. 피드백 관리
- 청중의 반응 모니터링
- 질문을 통한 이해도 확인
- 유연한 대응 전략 수립

결론적으로, 효과적인 커뮤니케이션은 철저한 준비와 전략적 실행의 결과입니다. 단순히 많은 말을 하는 것이 아닌, 핵심을 정확히 전달하는 것이 성공적인 비즈니스 커뮤니케이션의 열쇠입니다.

03
제갈량의 격장법과 동기부여

노자의 '애병필승(哀兵必勝)'이라는 말처럼, 강한 동기부여는 성과 창출의 핵심 동력입니다. 제갈량은 이러한 원리를 '격장법(激將法)'이라는 독특한 리더십 전략으로 발전시켰는데, 이는 현대 조직 관리에도 중요한 시사점을 제공합니다.

제갈량의 격장법은 단순한 자극이 아닌, 개인의 내적 동기를 끌어내는 섬세한 전략이었습니다. 현대 심리학에서 말하는 '내적 동기 유발'과 매우 유사한 이 접근법은, 다음과 같은 세 가지 핵심 원칙을 보여줍니다.

1. 개인 특성에 대한 깊은 이해

제갈량은 70세의 장수 황충을 기용할 때, 그의 나이를 약점으로 지적하는 듯하면서 실제로는 그의 자부심을 자극했습니다. "장합의 상대가 안 됩니다."라는 말은 역설적으로 황충의 투지를 불태우는 방아쇠가 되었습니다.

2. 자존심과 명예의 활용

손권과의 대화에서 보여준 것처럼, 격장법은 단순한 자극이 아닌 상대의 가치관과 자존심에 호소하는 방식입니다. 유비의 정통성과 지도자로서의 품격을 강조함으로써, 손권의 결단을 끌어냈습니다.

3. 잠재력 개발의 촉매제

"물도 건드리지 않으면 물결이 일지 않듯이"라는 말처럼, 적절한 자극은 잠재된 능력을 끌어내는 촉매제가 됩니다. 이는 현대 조직에서 말하는 '건설적인 긴장(Creative Tension)' 개념과 일맥상통합니다.

현대 조직에서의 활용
- 연공서열이 아닌 능력 중심의 인재 평가
- 건설적인 경쟁 구도 조성을 통한 팀 성과 향상
- 개인의 자부심과 전문성을 자극하는 피드백 제공
- 조직의 비전과 개인의 성장을 연계한 동기부여

하지만 이러한 전략을 현대에 적용할 때는 주의할 점이 있습니다. 격장법은 상대방에 대한 깊은 이해와 신뢰 관계가 전제되어야 하며, 무분별한 자극은 오히려 역효과를 낼 수 있습니다. 현대의 리더는 이러한 전통적 지혜를 현대적 맥락에 맞게 재해석하고 적용할 수 있는 통찰력이 필요합니다.

04
신뢰를 쌓는 제갈량식 커뮤니케이션

현대 비즈니스에서 가장 중요한 역량 중 하나로 꼽히는 '설득력 있는 커뮤니케이션'. 삼국시대 최고의 전략가 제갈량의 설득 기술에서 오늘날 우리가 배울 수 있는 핵심 원칙들을 살펴보겠습니다.

제갈량의 커뮤니케이션 성공 전략
1. 준비된 전문성

제갈량은 농사와 독서를 병행하며 실무와 이론을 겸비했습니다. 현대의 관점에서 보면 이는 '실행력과 전문성의 균형'이라 할 수 있습니다. 그의 설득력은 바로 이러한 깊이 있는 전문성에서 비롯되었습니다.

2. 자기 관리와 신뢰 구축

공자의 "자기반성은 엄중히 하고 다른 사람 책망하기를 가벼이 하라."라는 가르침을 실천한 제갈량의 태도는 현대 리더십에서 말하는 '감성 지능(EQ)'의 좋은 예시입니다. 이러한 태도는 자연스럽게 주변의 신뢰를 끌어냈습니다.

3. 확신에 찬 커뮤니케이션

제갈량의 설득력은 단순한 말솜씨가 아닌, 깊은 확신에서 나왔습니다. 현대 프레젠테이션 전문가들이 강조하는 세 가지 요소를 그는 이미 실천하고 있었습니다.

- 명확한 메시지 전달
- 확고한 어조와 보디랭귀지
- 철저한 사전 준비

4. 원칙에 기반한 리더십

제갈량은 신상필벌(信賞必罰)의 원칙을 통해 조직을 관리했습니다. 이는 현대 조직에서 말하는 '성과 관리 시스템'의 원형이라 할 수 있습니다.

- 명확한 평가 기준 제시
- 일관된 보상과 피드백
- 공정한 원칙 적용

현대 비즈니스 환경에서의 적용 포인트

1. 전문성 구축

- 실무 경험과 이론적 지식의 균형

- 지속적인 학습과 자기 개발

- 분야별 전문성 확보

2. 커뮤니케이션 스킬

- 명확한 메시지 구조화

- 자신 있는 전달력

- 상황에 맞는 톤과 매너

3. 리더십 원칙

- 공정한 성과 평가

- 투명한 보상 체계

- 일관된 원칙 적용

제갈량의 사례는 오늘날에도 여전히 유효한 리더십과 커뮤니케이션의 본질을 보여줍니다. 탁월한 설득력은 단순한 테크닉이 아닌, 전문성과 신뢰, 그리고 원칙에 기반한 실천에서 비롯된다는 것을 알 수 있습니다.

05
귀곡자에게 배우는 전략적 타이밍과 커뮤니케이션

현대 비즈니스에서 '적절한 타이밍'과 '전략적 소통'은 성공의 핵심 요소입니다. 흥미롭게도, 기원전 4세기 중국의 정치 전략가 귀곡자가 남긴 지혜는 오늘날 우리의 비즈니스 커뮤니케이션에도 놀라운 통찰을 제공합니다.

귀곡자의 '패합(捭闔)' 이론은 현대의 전략적 커뮤니케이션 원칙과 놀랍도록 일치합니다. '패(捭, 열다)'와 '합(闔, 닫다)'의 개념은 오늘날 다음과 같이 해석될 수 있습니다.

핵심 전략 요소

1. 상황 분석의 중요성

- 시장 상황과 조직의 내부 환경을 정확히 파악

- 경쟁사의 동향과 산업 트렌드 분석

- 리스크와 기회 요인의 종합적 검토

2. 의사결정자 심리 이해

- 핵심 이해관계자의 니즈 파악

- 조직 문화와 의사결정 프로세스 이해

- 비즈니스 파트너의 우선순위 파악

3. 철저한 준비와 보안

- 완벽한 실행 계획 수립

- 중요 정보의 전략적 관리

- 핵심 역량의 보호와 활용

4. 유연한 전략적 사고

- 시장 변화에 따른 전략 조정

- 다양한 시나리오 준비

- 지속적인 피드백과 개선

현대적 적용 방안

1. 비즈니스 협상에서

- 협상 타이밍의 전략적 선택

- 정보 공유의 수위 조절

- 단계별 전략적 접근

2. 조직 내 커뮤니케이션에서

- 적절한 보고 시점 선택

- 정보 공유의 우선순위 설정

- 효과적인 피드백 시스템 구축

3. 프로젝트 관리에서

- 단계별 정보 공개 전략

- 이해관계자 관리 방안

- 리스크 관리 체계 수립

귀곡자의 패합 이론이 현대 비즈니스에 주는 핵심 메시지는 '전략적 타이밍'과 '정보의 전략적 활용'입니다. 이는 현대 조직에서 더욱 중요해지고 있는 '전략적 커뮤니케이션'의 본질과 맞닿아 있습니다.

06
소진의 7가지 설득 전략

소진의 7가지 유세술은 2,300년이 지난 현대 비즈니스 환경에서도 놀라울 정도로 유효한 커뮤니케이션 전략을 제시합니다. 오늘날의 비즈니스 협상과 조직 내 소통에 적용할 수 있는 핵심 원칙들을 현대적으로 재해석해보겠습니다.

현대적 커뮤니케이션 7대 전략

1. 신뢰 구축을 위한 인정(열지이예)

- 상대방의 성과와 강점을 진정성 있게 인정
- 객관적 데이터를 기반으로 한 긍정적 피드백
- 상호 존중의 대화 분위기 조성

2. 리스크 인식 공유 (협지이해)

- 잠재적 위험요소의 객관적 제시
- 의사결정의 결과와 영향력 분석
- 대안과 해결책의 동시 제시

3. 진정성 있는 소통 (시지이성)

- 투명한 정보 공유와 열린 소통
- 상호 신뢰 관계 구축
- 일관된 메시지와 행동의 일치

4. 상황 분석 기반 접근 (명지이세)

- 시장 환경과 트렌드 분석 제시
- 객관적 데이터 기반 논리 전개
- 실현 가능한 해결책 제시

5. 가치 제안의 명확화 (유지이리)

- 구체적인 비즈니스 가치 제시
- Win-Win 전략 수립
- ROI 중심의 논리 전개

6. 도전 의식 자극(격지이언)

- 조직의 성장 가능성 제시
- 혁신과 변화의 필요성 강조
- 건설적인 경쟁 구도 조성

7. 실행력 강화(결지이력)

- 명확한 의사결정 프로세스 제시
- 구체적인 실행 계획 수립
- 책임과 권한의 명확한 설정

실무 적용을 위한 핵심 포인트

1. 커뮤니케이션 준비

- 철저한 사전 조사와 분석
- 상대방의 니즈와 관심사 파악
- 맞춤형 메시지 전략 수립

2. 전달 방식

- 자신 있는 톤과 보디랭귀지
- 명확하고 구체적인 표현 사용
- 데이터 기반의 논리적 전개

3. 후속 관리

- 합의사항의 철저한 이행
- 지속적인 피드백과 조정
- 장기적 관계 구축 focus

이러한 전략들은 단순한 테크닉이 아닌, 상호 신뢰와 존중을 기반으로 한 진정성 있는 소통의 틀 안에서 활용될 때 가장 효과적입니다. 현대 비즈니스에서는 이러한 원칙들을 상황과 맥락에 맞게 유연하게 적용하는 것이 중요합니다.

[12장]

오바마의 연설에서 배우는 설득의 힘

01
오바마의 말하기 전략 해부

"말은 당신을 흥하게도 망하게도 할 수 있다."라는 유대인 속담은 스피치의 본질을 간명하게 보여줍니다. 이러한 말의 힘을 가장 잘 구현한 인물 중 하나가 버락 오바마 전 미국 대통령입니다.

오바마의 스피치는 단순한 말의 나열이 아닌 총체적 커뮤니케이션의 예술입니다. 그의 연설은 언어적 요소와 비언어적 요소가 조화롭게 어우러져 청중의 마음을 움직입니다. 표정, 제스처, 호흡, 발음 하나하나가 의미를 전달하는 도구가 되어 메시지의 설득력을 높입니다.

특히 주목할 만한 것은 그의 철저한 준비 과정입니다. 연설 6개월 전부터 원고를 준비하고, 40회 이상의 수정을 거치며, 각 문장과 단어를 심사숙고하여 선택합니다. 완벽한 달변가는 없다는 것을 알기에, 끊임없는 연습과 개선을 통해 자신의 한계를 극복해 나갑니다.

오바마 연설의 핵심은 '간결함'과 '반복'입니다. 그의 유명한 구절 "변화란 다른 사람이나 다른 때를 기다려서 오는 것이 아니다. 우리가 기다리는 변화의 주인공은 바로 우리 자신이다."라는 말에서 볼 수 있듯이, 복잡한 개념도 명확하고 힘있게 전달합니다. 또한 "There is power in words……. in conviction……. in hope"와 같은 반복적 구문을 통해 메시지의 공명을 극대화합니다.

효과적인 스피치는 기술적 완성도뿐만 아니라 진정성 있는 전달력이 핵심입니다. 오바마의 사례는 체계적인 준비와 꾸준한 연습, 그리고 청중과의 진정한 소통이 어우러질 때 비로소 감동을 주는 스피치가 가능함을 보여줍니다.

이러한 접근은 연설뿐만 아니라 일상적인 커뮤니케이션에도 적용될 수 있습니다. 말하고자 하는 바를 명확히 하고, 체계적으로 준비하며, 청중을 향한 진정성을 잃지 않는다면, 우리 모두가 더 효과적인 소통자가 될 수 있을 것입니다.

02
최고의 스피커가 가진 공통의 기술

공감과 희망을 전달하는 연설의 핵심은 단순함과 반복에 있습니다. 오바마 대통령의 수락 연설과 고별 연설을 분석해보면, 이 원칙이 뚜렷하게 드러납니다.

효과적인 연설의 주요 요소
1. 감정적 연결

오바마는 개인적인 이야기를 통해 청중과 감정적 연결을 만들어냅니다. "할머니는 제게 근면에 대해 가르쳐주신 분이었습니다."라는 구절에서 볼 수 있듯이, 구체적인 경험을 공유함으로써 청중의 공감을 끌어냅니다.

2. 반복의 힘

"Yes, We Can"이라는 구호의 반복적 사용은 메시지를 강화하고 기억하기 쉽게 만듭니다. 이는 후에 "Yes, We Did"로 발전하며, 성취감과 자부심을 표현합니다.

3. 명확한 메시지 전달

정부는 '우리를 위하여' 일해야 한다는 메시지처럼, 복잡한 정책적 내용도 단순하고 명확한 언어로 전달합니다.

스티브 잡스의 프레젠테이션 기법도 이와 유사한 원칙을 따릅니다. '믿을 수 없는', '놀라운', '굉장한' 같은 감탄사의 반복적 사용은 제품에 대한 열정과 확신을 전달합니다.

효과적인 구호 작성법
1. 핵심 메시지를 간단명료하게 정리
2. 청중이 쉽게 따라 할 수 있는 리듬감 있는 문장 구성
3. 긍정적이고 희망적인 단어 선택
4. 청중의 참여를 유도하는 포용적인 표현 사용

연설은 단순한 정보 전달을 넘어 청중과의 감정적 교감을 통해 변화를 끌어내는 강력한 도구입니다. 오바마의 말처럼, "변화는 보

통 사람들이 참여하고, 그것을 요구하기 위해 함께 뭉칠 때 일어납니다."

구호로 정체성을 각인시켜라

구호는 단순한 외침이 아닌, 조직의 가치와 목표를 응축시킨 강력한 소통 도구입니다. 상황별로 적절한 구호를 활용하면 팀의 결속력을 높이고 목표 달성을 위한 동기부여를 효과적으로 할 수 있습니다.

단체 구호의 핵심 요소
- 명확한 목표 제시: "지칠 줄 모르는 열정으로 끊임없이 도전한다."
- 긍정적 확신: "우리는 할 수 있다 꼭 해내고야 말겠다."
- 간결한 리듬감: "GO! GO! (팀명)!"

건배사 구호의 특징
실천적 메시지와 언어유희를 결합하여 기억하기 쉽고 의미 있는 구호를 만듭니다.

예시

- "꿈을 외치고 행동으로 실천하면, 꿈은 반드시 이루어진다."
- "비전을 행동하면 기적을 만든다." (비행기)
- "청춘은 바로 지금부터이다." (청바지)

업무 현장의 아침 구호

조직의 핵심 가치를 담아 매일의 실천을 다짐합니다.

"청렴·친절·소통은 우리가 최고야!"와 같이 조직의 핵심 가치를 간단명료하게 표현합니다.

각인 구호 스피치 작성법

1. 핵심 메시지 선정
2. 리듬감 있는 문장 구성
3. 청중이 쉽게 따라 할 수 있는 단어 선택
4. 긍정적이고 활력 있는 톤 유지

효과적인 구호는 단순히 외우는 것이 아니라, 그 의미를 이해하고 실천하는 것이 중요합니다. 일상적인 업무 환경에서도 구호를 통해 팀의 방향성을 확인하고 동기부여를 강화할 수 있습니다.

03
오바마의 시각적 스피치 전략

효과적인 커뮤니케이션에서 시각적 요소의 중요성은 아무리 강조해도 지나치지 않습니다. "백 번 듣는 것이 한 번 보는 것만 못하다."라는 속담이 말해주듯, 현대 사회에서는 시각적 전달력이 더욱 중요해졌습니다.

오바마 대통령의 연설 기법을 통해 살펴보겠습니다.

오바마 대통령의 연설 성공 요인

1. 명확한 주제 제시
- 핵심 메시지를 간결하게 전달
- 불필요한 설명을 최소화
- 청중이 쉽게 이해할 수 있는 명확한 구조

2. 뛰어난 공감 능력

- 청중의 눈높이에 맞춘 소통
- 일방적 전달이 아닌 쌍방향 대화 지향
- 개인적 경험을 통한 친근감 형성

3. 진정성 있는 전달

- 철저한 연설문 준비와 수정
- 상황에 맞는 즉흥적 변용 능력
- 진심이 담긴 목소리와 제스처

연설문 작성의 세심함

오바마 대통령은 보좌관이 작성한 연설문 초안에 꼼꼼한 수정 사항을 표시했습니다. 단순한 문구 수정을 넘어 줄 바꿈까지 세심하게 신경 쓴 것은 연설의 리듬감과 청중의 호흡을 고려했기 때문입니다.

효과적인 전달 기법

- '형식은 부드럽게, 메시지는 강하게' 원칙 준수
- 스토리텔링을 통한 흥미 유발
- 자연스러운 대화체 사용
- 적절한 제스처와 비언어적 소통 활용

이러한 오바마 대통령의 연설 기법은 현대 사회에서 요구되는 효과적인 커뮤니케이션의 모범을 보여줍니다. 청중의 마음을 움직이는 연설은 철저한 준비와 진정성 있는 전달, 그리고 시의적절한 임기응변이 조화를 이룰 때 가능합니다.

04
오바마가 전하는 인용의 기술

연설은 단순히 말을 전달하는 것이 아니라, 마음을 움직이고 세상을 변화시키는 강력한 도구입니다. 그중에서도 버락 오바마 대통령은 명확한 메시지와 강렬한 감동으로 전 세계인을 사로잡은 연설의 대가로 평가받습니다. 그의 스피치는 간결하면서도 정서적 연결을 중시하며, 효과적인 비언어적 표현과 인용 활용으로 깊은 공감을 이끌어냅니다. 오바마 연설의 특징과 성공 비결을 분석해, 강력한 스피치 기술의 핵심을 탐구합니다.

1. 오바마의 연설 특징과 영향력

핵심 스피치 요소

- 간결하고 명확한 메시지 전달

- 강력한 개인적 카리스마

- 냉정하고 사실적인 서술 방식

- 청중과의 정서적 연결

대표적 연설 사례

"진보적인 미국도, 보수적인 미국도 없습니다."

"오직 미합중국만이 있을 뿐입니다."

이 구절은 분열된 사회를 하나로 묶어내는 통합의 메시지를 담고 있습니다.

2. 효과적인 비언어적 커뮤니케이션

성공적인 연설의 구성요소

- 명확한 발음과 적절한 톤

- 자신 있는 시선 처리

- 세련된 제스처와 몸동작

- 전문적인 외모 관리

주목할 점: 연구에 따르면 메시지 전달의 90%가 음성과 몸짓을 통해 이루어집니다.

3. 인용의 효과적 활용

인용의 주요 기능

- 메시지의 신뢰성 강화

- 청중과의 공감대 형성

- 복잡한 개념의 간결한 전달

효과적인 인용 사례

- 등소평의 '흑묘백묘론'('까만 고양이든 흰 고양이든 쥐를 잘 잡으면 좋다')

- 성경 구절 활용

- 마틴 루터 킹 목사의 연설문

인용 활용의 핵심 원칙

1. 간결성 유지

2. 상황 적합성 고려

3. 하나의 핵심 메시지에 집중

4. 청중의 배경 고려

5. 실천적 활용 방안

스피치 준비 단계

1. 관련 분야의 명언, 고사성어 수집

2. 시의적절한 인용구 선별

3. 청중의 특성에 맞는 맞춤형 구성

4. 전달 방식의 체계적 연습

오바마 대통령의 성공 요인

- 끊임없는 연습과 자기계발

- 청중과의 진정성 있는 소통

- 시의적절한 메시지 선택

- 효과적인 인용구 활용

이러한 요소들의 조화로운 결합이 오바마를 현대 최고의 연설가로 만들었으며, 그의 스피치 기법은 현대 커뮤니케이션의 모범 사례로 평가받고 있습니다.

05
오바마의 '침묵 기술'

강력한 메시지 전달에는 말하는 것만큼이나 말하지 않는 순간도 중요합니다. 전략적인 침묵의 활용은 청중의 주의를 집중시키고 메시지의 깊이를 더하는 강력한 도구가 됩니다.

오바마의 침묵 활용 사례

2011년 애리조나 총기 난사 사건 추모식 연설에서 보여준 51초간의 의미 있는 침묵은 역사적인 순간이 되었습니다. 이 침묵은 다음과 같은 단계로 진행되었습니다.

- 감정적 메시지 전달 후 중단
- 10초: 시선 이동

- 20초: 의도적인 심호흡

- 30초: 감정 조절을 위한 표정 관리

- 51초: 최종 침묵 후 연설 재개

효과적인 침묵 활용법

1. 전환점 활용

- 새로운 주제로 넘어갈 때

- 중요한 메시지 전달 전후

- 청중의 주의가 분산될 때

2. 비언어적 요소와의 조화

- 의미 있는 시선 처리

- 적절한 제스처

- 무대 공간 활용

- 호흡 조절

3. 실천적 가이드라인

- 침묵의 길이는 상황에 맞게 조절

- 자연스러운 표정 유지

- 청중과 눈 맞춤 활용

- 감정적 순간의 적절한 표현

침묵 활용의 주의사항

- 과도한 길이는 피하기
- 불필요한 긴장감 조성 방지
- 상황에 맞는 적절한 타이밍 선택
- 진정성 있는 표현 유지

실전 응용을 위한 팁

1. 중요 메시지 전달 전 3~5초 멈춤
2. 감정적 내용 후 5~7초 여유
3. 주제 전환 시 2~3초 간격
4. 청중 반응 확인을 위한 잠깐의 멈춤

침묵은 단순한 말의 부재가 아닌, 강력한 커뮤니케이션 도구입니다. 적절히 활용된 침묵은 메시지의 영향력을 극대화하고 청중과의 감정적 연결을 강화하는 데 큰 도움이 됩니다.

[13장]

처칠의 연설에서 배우는
리더십의 본질

01
말더듬이 소년에서 노벨문학상까지

처칠의 글이 역사에 남은 이유

윈스턴 처칠(1874~1965)은 단순한 정치인을 넘어선 뛰어난 문필가였습니다. 1953년 《제2차 세계대전 회고록》으로 헤밍웨이를 제치고 노벨문학상을 받은 그의 여정은, 인간의 한계를 극복하는 감동적인 이야기를 들려줍니다.

열등생에서 문학가로의 변신

어린 시절 처칠은 학교에서 늘 꼴찌였고, 선천적 말더듬이로 고통받았습니다. 하지만 10살 때 접한 《보물섬》을 시작으로 독서의 세계에 빠져들었고, 이는 그의 인생을 바꾸는 전환점이 되었습니다.

풍부한 독서는 그의 영어 실력을 최상위권으로 끌어올렸고, 후일 그의 문학적 재능의 토대가 되었습니다.

한계를 넘어선 투지

처칠의 성공 비결은 끊임없는 자기 극복에 있었습니다.

- 매일 2시간 이상의 체력 훈련으로 신체적 약점 극복
- 하루 5시간 이상의 독서로 지적 기반 구축
- 끊임없는 발음 연습과 웅변 훈련
- 전투 참전을 통한 두려움 극복

문학적 성취

《제2차 세계대전 회고록》은 단순한 전쟁 기록이 아닙니다. 이 작품은 깊은 역사 인식과 문학적 상상력으로 인류의 비극을 다룬 인문학 걸작입니다. 처칠의 글쓰기는 그의 폭넓은 독서와 깊은 통찰력이 만나 탄생한 결실이었습니다.

처칠의 지혜가 담긴 명언들

"비관론자는 모든 기회 속에서 어려움을 찾아내고, 낙관론자는 모든 어려움 속에서 기회를 찾아낸다."

"성공이 최종은 아니다. 실패가 운명이 아니다. 계속해 나가는 용기가 중요한 것이다."

처칠의 삶은 우리에게 중요한 교훈을 남깁니다. 진정한 위대함은 타고난 재능이 아닌, 끊임없는 자기 극복과 학습을 통해 달성될 수 있다는 것입니다. 그의 문학적 업적은 오늘날까지도 인류의 소중한 정신적 유산으로 남아있습니다.

윈스턴 처칠은 영국 역사에서 가장 위대한 지도자 중 한 명이자 상징적인 인물입니다. 그는 두 차례 총리를 역임(1940~45년, 1951~55년)하며 정치 인생에서 수많은 기복과 논란, 그리고 눈부신 업적을 남겼습니다. 그의 경력은 빅토리아 여왕 시대부터 엘리자베스 2세 여왕 시대까지 60년 이상 이어졌으며, 특히 2차 세계대전 중 발휘한 영웅적이고 불굴의 리더십은 지금도 깊이 기억되고 있습니다.

하지만 처칠은 단순한 정치인이 아니었습니다. 젊은 시절, 그는 영국 역사상 마지막 대규모 기병 돌격에 참전한 군 장교였으며, 이후 저널리즘과 문학에 뛰어들어 역사적 저작들을 집필해 노벨문학상을 수상하기도 했습니다. 또한 열정적인 아마추어 화가로서 예술적 재능도 펼쳤습니다. 그의 삶은 단순한 정치적 리더를 넘어선, 다채롭고 입체적인 인물의 모습을 보여줍니다.

02
처칠의 연설이 가진 힘

　헬렌 켈러는 "이 세상에서 최고로 멋지고 아름다운 일들은 눈으로 볼 수 없고 만질 수도 없다. 오직 가슴으로 느껴야만 한다."라고 말했습니다. 이 말은 처칠의 연설 철학을 완벽하게 대변합니다.

처칠의 영향력 있는 연설 기법

1. 옥스퍼드 졸업식 연설의 교훈
- 30초간의 의미 있는 침묵
- 점진적 음량 증가로 전달한 "Never give up"
- 단 세 문장으로 전한 강력한 메시지

2. 전시 지도자로서의 언어 활용

- "피와 수고와 눈물과 땀" 연설
- 국민들에게 희망과 용기를 불어넣은 메시지
- '철의 장막' 등 영향력 있는 표현 창조

3. 끊임없는 자기 극복

- 선천적인 말하기 장애 극복
- 철저한 사전 준비와 연습
- 거울 앞 연설 연습의 일상화

윈스턴 처칠은 타고난 천재가 아니었습니다. 그는 조산아로 태어나 성장과 발달이 더뎠고, 학창 시절에는 낮은 성적으로 문제아 취급을 받았습니다. 그러나 끊임없는 노력과 도전 정신으로 한계를 극복하며 자신의 길을 개척해 나갔습니다. 세 차례나 낙방한 끝에 육군사관학교에 입학했고, 이후 정치 무대에서 불굴의 리더십과 탁월한 언변으로 역사에 남는 명연설가로 성장했습니다. 그의 인생은 실패 속에서도 포기하지 않는 끈기가 어떻게 위대한 리더를 만드는지를 보여주는 강력한 증거입니다.

처칠의 성장 과정

- 조산아로 태어나 발달이 늦음
- 학창 시절 낮은 성적과 문제아 낙인
- 3번의 재수 끝에 육군사관학교 입학
- 꾸준한 노력으로 최고의 연설가로 성장

처칠의 사례는 타고난 재능보다 노력과 의지가 더 중요하다는 것을 보여줍니다. BBC 조사에서 영국 역사상 가장 위대한 인물로 선정된 것은 그의 끊임없는 자기계발과 국가를 위한 헌신의 결과였습니다.

일체유심조(一切唯心造: 모든 것은 마음에서 지어낸다는 뜻)라는 말처럼, 마음먹기에 따라 누구나 뛰어난 연설가가 될 수 있습니다. 처칠의 삶은 이를 완벽하게 증명하는 사례입니다.

성공 요인

1. 긍정적 마인드셋
2. 철저한 준비성
3. 감성적 소통 능력
4. 진정성 있는 메시지 전달

처칠의 말 한마디가 바꾼 분위기

윈스턴 처칠은 20세기의 위대한 정치인이었을 뿐만 아니라, 뛰어난 유머 감각으로도 유명했습니다. 그의 재치 있는 언변은 단순한 말장난이 아닌, 깊은 통찰력과 인간미가 조화를 이룬 진정한 소통의 예술이었습니다.

처칠의 유머는 언제나 상황에 딱 들어맞았습니다. 90세의 나이에도 젊은 기자의 걱정 어린 안부에 재치 있게 응수했고, 정적인 낸시 애스터 의원과의 설전에서도 위트로 긴장된 분위기를 부드럽게 풀어냈습니다. 심지어 국회 출석시간 지각에 대한 비판도 아내에 대한 사랑스러운 농담으로 승화시켰죠.

하지만 이러한 유머 감각은 하루아침에 생기는 것이 아닙니다. 처칠의 사례는 진정한 유머가 풍부한 독서, 긍정적 사고방식, 그리고 끊임없는 학습에서 비롯된다는 것을 보여줍니다. 특히 주목할 점은 처칠이 유머를 단순한 웃음 유발의 도구가 아닌, 소통과 공감의 수단으로 활용했다는 것입니다.

현대 사회에서 유머 능력의 중요성은 더욱 커지고 있습니다. 스펙이나 기술적 능력도 중요하지만, 적절한 순간의 위트 있는 한

마디가 때로는 장황한 프레젠테이션보다 더 큰 임팩트를 줄 수 있습니다.

진정한 유머는 자신감과 여유에서 비롯되며, 이는 꾸준한 자기계발과 폭넓은 독서, 그리고 다양한 경험을 통해 키워질 수 있습니다.

리더십에서 유머의 진정한 가치는 단순히 사람들을 웃게 하는 것이 아닙니다. 그것은 긴장된 분위기를 풀어주고, 인간적인 유대를 형성하며, 메시지를 더욱 효과적으로 전달하는 데 있습니다. 처칠이 보여준 것처럼, 적절한 유머는 가장 강력한 소통의 도구가 될 수 있습니다.

03
전쟁을 바꾼 처칠의 웅변술

　제2차 세계대전 당시 영국을 이끈 윈스턴 처칠은 단순한 정치인이 아닌, 언어의 연금술사였습니다. 그의 트레이드마크인 'Victory'를 상징하는 V 사인은 단순한 제스처를 넘어, 승리에 대한 굳건한 의지와 희망의 상징이 되었습니다.

　처칠의 지혜가 담긴 명언들은 오늘날까지도 깊은 울림을 주고 있습니다.
　"돈을 잃는 것은 적게 잃은 것이다. 명예를 잃는 것은 크게 잃은 것이다. 용기를 잃는 것은 전부를 잃는 것이다."
　- 인생의 가치 체계를 명확하게 보여주는 이 말은, 물질보다 정신적 가치의 중요성을 강조합니다.
　"희망이 없으면 절약도 없다……. 절약하는 마음 밭에 희망이 찾아온다."

- 미래에 대한 긍정적 전망과 현재의 실천적 노력을 아름답게 연결한 통찰입니다.

특히 1940년 6월 18일의 하원 연설은 처칠의 수사학적 기교가 절정에 달한 순간이었습니다. 나치 독일의 위협 앞에서 그는 반복과 점층법을 활용하여 투지를 불태웠습니다.

"우리는 프랑스에서도,
대양에서도,
하늘에서도,
해변에서도,
거리에서도,
언덕에서도 싸울 것입니다……"

이 연설의 진정한 힘은 단순한 수사적 기교를 넘어, 국가 존립의 위기 속에서 보여준 굽힐 줄 모르는 의지에 있었습니다. "이 순간이 우리의 가장 위대한 시간이 될 것"이라는 그의 예언적 선언은, 실제로 영국 역사의 가장 빛나는 순간을 만들어냈습니다.

처칠의 웅변은 단순한 말의 기술이 아닌, 깊은 통찰과 확고한 신념, 그리고 국민과의 진정성 있는 소통이 만들어낸 결과였습니다. 그의 연설은 오늘날까지도 위기의 시대를 이끄는 리더십이 어떠해야 하는지를 보여주는 귀중한 교훈이 되고 있습니다.

처칠 연설의 감성 코드

우리는 왜 특정 연설과 말들을 오랫동안 기억하는 걸까요? 9·11 테러와 같은 역사적 사건이 15년이 지나도록 선명하게 기억되는 이유는 무엇일까요? 이는 바로 감정의 힘 때문입니다.

뛰어난 소통가와 그렇지 않은 사람의 핵심적인 차이는 감정을 다루는 능력에 있습니다. 1994년 다니엘 골먼이 제시한 '감성지능(EQ)'은 바로 이러한 능력을 설명하는 개념입니다. 진정한 소통은 단순한 정보 전달을 넘어, 개인의 경험과 감정을 공유하고, 청중의 감정에 공명할 때 이루어집니다.

윈스턴 처칠의 연설이 오늘날까지 회자되는 이유도 여기에 있습니다. 그는 단순히 정보를 전달하는 데 그치지 않고, 희망과 용기를 불어넣는 감성적 메시지를 통해 청중의 마음을 움직였습니다. 아리스토텔레스와 처칠이 뛰어난 웅변가로 평가받는 것은 감정을 활용하는 적절한 타이밍과 강도를 완벽하게 이해했기 때문입니다.

이러한 감성 커뮤니케이션의 중요성은 현대 비즈니스 세계에서도 뚜렷이 나타납니다. 해리스 인터렉티브의 조사에 따르면, 89%의 인사담당자들이 대인관계와 의사소통 능력을 리더십 평가의 핵심 요소로 꼽았습니다.

효과적인 감성 커뮤니케이션을 위해서는 다양한 요소들이 조화를 이루어야 합니다.
- 목소리의 톤과 강약
- 적절한 몸짓 언어
- 개인적 경험과 이야기의 공유
- 진정성 있는 눈빛 교감
- 전문성을 보여주는 자기소개

미국의 시인 마야 안젤루가 말했듯이, "사람들은 당신이 한 말은 잊어도, 당신이 준 감동은 영원히 기억합니다." 감정을 담은 메시지는 단순한 정보 전달을 넘어 깊은 공감과 이해를 끌어내며, 이것이 바로 진정한 소통의 힘입니다.

인간은 본질적으로 감정적 존재입니다. 따라서 효과적인 커뮤니케이션을 위해서는 논리적 설득력뿐만 아니라, 감정적 공명을 끌어내는 능력이 필수적입니다. 이것이 바로 탁월한 소통가가 되는 길입니다.

04
감성 연설의 5가지 기술

효과적인 스피치는 단순한 정보 전달을 넘어 청중과의 진정한 교감에서 시작됩니다. 이는 시선 처리, 무대 활용, 그리고 청중의 반응을 읽는 섬세한 능력이 조화를 이룰 때 가능합니다.

청중과의 교감 신호 읽기
- 끄덕임, 박수, 웃음소리, 감탄사와 같은 자발적 반응들은 메시지가 효과적으로 전달되고 있다는 증거입니다.
- 이러한 반응을 끌어내기 위해서는 흥미로운 이야기와 적절한 예화를 활용하고, 겸손한 태도로 청중에게 영감을 주는 것이 중요합니다.

케네디 대통령의 유명한 취임 연설, "조국이 여러분을 위해 무엇을 할 수 있는지 묻지 말고, 여러분이 조국을 위해 무엇을 할 수 있을지 스스로 물어보십시오."라는 간결하면서도 강력한 메시지 전달의 완벽한 예시입니다. 마치 태양광선처럼, 압축된 메시지일수록 더 강력한 영향력을 발휘합니다.

시각적 효과의 중요성

연구에 따르면 인간의 뇌는 청각 정보보다 시각 정보를 더 잘 기억하는 '그림 우월 효과'를 보입니다. 효과적인 스피치를 위해서는 다음과 같습니다.

- 구체적인 이미지를 연상시키는 표현 사용
- 감각적 표현(색감, 향기, 촉감) 활용
- 시, 노래, 명언, 고전 인용 등 다양한 표현 방식 도입

목소리를 통한 감정 전달

목소리는 감정을 전달하는 가장 강력한 도구입니다. 효과적인 음성 활용을 위해서는 다음과 같이 해야 합니다.

1. 상황에 맞는 톤과 템포 조절
2. 감정 상태에 따른 적절한 음성 변화
- 흥분: 높은 톤, 빠른 템포
- 긴장: 낮은 톤, 느린 템포
3. 자신의 목소리에 대한 지속적인 피드백과 개선

성공적인 스피치는 이러한 요소들이 자연스럽게 조화를 이룰 때 가능합니다. 가장 중요한 것은 진정성 있는 메시지 전달과 청중과의 진심 어린 교감입니다. 이를 위해서는 지속적인 연습과 피드백, 그리고 자기성찰이 필요합니다.

처칠에게 배우는 간결함의 힘

"다리는 길어야 보기 좋을지 모르지만, 문장은 짧아야 아름답다."

이 오래된 지혜는 현대 커뮤니케이션에서 더욱 빛을 발합니다. 링컨의 게티즈버그 연설이 단 272단어로 역사에 남은 것처럼, 강력한 메시지는 종종 가장 간결한 형태로 전달됩니다.

명연설의 힘: 간결성의 예시

문재인 대통령의 2017년 취임사는 간결한 스피치의 현대적 예시를 보여줍니다.

- "깨끗한 대통령이 되겠습니다."
- "빈손으로 취임하고 빈손으로 퇴임하는 대통령이 되겠습니다."

각 문장은 단순하지만, 강력한 메시지를 담고 있습니다.

비즈니스 세계의 교훈

스티브 잡스는 "항상 갈망하고 우직해져라."라는 단 한 문장으로 스탠퍼드 졸업생들의 마음을 움직였습니다. 그의 말처럼 "단순함은 복잡함보다 이룩하기 어렵습니다." 이는 나이키의 'Just Do It!'이나 애플의 간결한 광고 문구들이 전 세계적인 영향력을 가질 수 있었던 이유를 설명합니다.

간결한 소통의 장점

1. 즉각적인 이해
2. 높은 기억력
3. 강력한 전달력
4. 신뢰도 상승
5. 감정적 공명

실천적 훈련 방법

- 핵심 단어 선별하기
- 짧은 문장 만들기
- 간결한 문구 연습
- 1분 스피치 훈련
- 즉석 발표 연습

이러한 간결함의 추구는 단순한 스타일의 문제가 아닙니다. 인간의 인지 구조는 본능적으로 단순하고 명확한 메시지를 선호합니다. 따라서 효과적인 커뮤니케이션을 위해서는 복잡한 생각을 단순하게 전달하는 능력을 개발해야 합니다.

오늘날 비즈니스 환경에서 이러한 능력은 더욱 중요해지고 있습니다. 자기소개부터 프레젠테이션까지, 모든 형태의 커뮤니케이션에서 간결성은 핵심 경쟁력이 되었습니다. 이는 단순히 말을 줄이는 것이 아니라, 더 강력하고 효과적인 메시지를 전달하는 예술입니다.

[14장]

짧고 강렬하게 사람의 마음을 움직이는 법

01
마윈의 말 한마디는
왜 수백만 명을 움직였을까

마윈의 소통 철학

마윈은 중국의 기업인으로, 중국 최대 전자상거래 플랫폼 알리바바 그룹을 창업하고 초대 회장 겸 CEO를 지냈습니다. 2013년 CEO에서 물러나 회장직을 맡았으며, 2019년에는 경영 일선에서 은퇴한 뒤 현재 알리바바 그룹의 명예회장(초대 주석)입니다.

그리고 중국 IT 업계에서 텐센트 창업자 마화텅(马化腾, 1971~)과 함께 대표적 인물로 꼽히며, 포브스 표지에 실린 최초의 중국 사업가입니다. 서구에서는 '잭 마(Jack Ma)'라는 영어 이름으로, 한국에서는 '알리 익스프레스'로도 익숙합니다.

마윈(Jack Ma)은 IT도, 경영도 제대로 몰랐지만, 중국을 대표하는 인터넷 리더이자 수천억 달러 기업 알리바바의 창업자가 되었습니다. 많은 사람들은 그의 성공을 '시대가 영웅을 만든다.'라고 하지만, 운만으로 초대형 기업을 세우는 것은 불가능합니다. 진정한 슈퍼컴퍼니를 만들려면 지혜가 필요합니다.

그렇다면 마윈은 어떤 지혜로 올바른 선택을 거듭하며 알리바바를 거대한 기업으로 성장시켰을까요.

마윈의 촌철살인 화법

말 한마디에 담긴 깊은 통찰은 때로 장황한 설명보다 강력합니다. '언중유골(言中有骨 '말 속에 뼈가 있다')'이라는 고사성어처럼, 마윈의 연설은 예리하고 핵심적인 메시지로 가득합니다.

그의 스피치 전략은 단순하면서도 강렬합니다. 복잡한 개념을 간결한 비유로 풀어내고, 청중의 마음을 직접 관통하는 표현을 선택합니다. "분명하고 정확한 사람이 되어라."라는 그의 조언은 소통의 본질을 꿰뚫습니다.

윈스턴 처칠의 "절대, 포기하지 마라!"와 같이, 마윈 역시 세 마디로 천 마디의 메시지를 담아냈습니다. 진정한 소통의 힘은 말의 길이가 아니라 그 속에 담긴 진정성과 통찰에 있습니다.

촌철살인의 언어 기술

간결한 메시지는 천 마디의 말보다 강력합니다. 진정한 소통은 말의 양이 아니라 그 깊이와 진실성에 있습니다. (촌철살인(寸鐵殺人: 한 치도 안 되는 칼로 사람을 죽인다)

촌철살인(寸鐵殺人)의 핵심 통찰

- 짧고 강렬한 말은 청중의 마음을 직접 관통한다.
- 복잡성보다는 명확성이 소통의 핵심이다.
- 말은 머리가 아닌 가슴으로 전달되어야 한다.

마틴 루터 킹과 버락 오바마, 마윈 같은 위대한 연설가들은 공통점이 있습니다. 그들은 단순하면서도 강력한 언어로 사람들의 마음을 움직였습니다. 길고 장황한 설명 대신, 핵심을 정확하게 찌르는 한 마디를 선택했습니다.

효과적인 소통의 비결은 복잡함을 피하고 메시지의 본질을 드러내는 것입니다. 송곳 같은 한 마디가 천 마디의 말보다 더 깊은 감동을 줄 수 있습니다.

마윈이 말하는 소통의 본질

마윈의 성공 비결은 '살아남기'와 '간결한 소통'에 있습니다. 그의 핵심 메시지는 단순하지만 강력합니다.

"살아남는 것이 첫 번째 목표다."

개성 있는 소통 전략

- 간결하고 핵심적인 메시지 전달
- 통속적이면서도 강렬한 언어 사용
- 두려움 없는 직접적인 커뮤니케이션

미국 포브스(Forbes)지는 마윈을 '작은 키에 큰 포부를 가진 인물'로 평가했습니다. IT 기업가이면서 동시에 탁월한 설득가인 그는 통속적인 언어로 대중의 마음을 사로잡았습니다.

핵심은 복잡함을 피하고 메시지의 본질을 드러내는 것, 마윈의 성공은 결국 간결하고 힘 있는 소통 능력에서 비롯됩니다.

노자의 철학처럼, 지식과 경험은 점진적으로 축적되어 풍부한 소통 능력을 만듭니다. 마윈의 탁월한 언변은 단순한 재능이 아니라 끊임없는 학습과 실천의 결과입니다.

마윈의 핵심 성장 전략

- 다양한 경험을 통한 지속적인 학습
- 배운 내용을 즉시 실천하고 공유
- 검증된 지식과 통찰 활용

교육자 경험, 기업인과의 대화, 끊임없는 발표 기회가 그의 커뮤니케이션 역량을 강화했습니다. 원고 없이 유창하게 말할 수 있는 능력은 철저한 준비와 자신감에서 비롯됩니다.

진정한 언변의 힘은 말 그 자체가 아니라, 깊이 있는 이해와 열정적인 전달에 있습니다.

02
비유로 풀어낸 마윈의 언어

비유는 복잡한 아이디어를 단순하고 이해하기 쉬운 언어로 변환하는 강력한 도구입니다. 마윈은 이 기술의 대가입니다.

비행기 엔진을 트랙터에 장착해도 트랙터는 날 수 없듯, 뛰어난 전문가도 조직의 문화와 맞지 않으면 제 성과를 내기 어렵다는 점을 생생하게 전달했습니다.

알리바바 기업 계열사를 설명할 때도 독특한 비유를 사용했습니다. 세 남매의 가족 이야기로 각 기업의 특성과 관계를 자연스럽게 풀어냈습니다. 큰형 알리바바, 쾌활한 둘째 딸 타오바오, 잠재력 있는 막내 알리페이라는 은유는 복잡한 기업 구조를 누구나 쉽게 이해할 수 있게 만들었습니다.

이는 단순한 수사가 아니라 소통의 핵심 전략, 즉 낯선 개념을

친숙한 이야기로 전환하는 것입니다.

진심을 담은 언어

진정한 소통은 화려한 수사가 아니라 있는 그대로의 진실에서 시작됩니다. 마윈은 이를 완벽하게 보여주는 소통의 대가입니다.

그의 연설은 복잡한 개념을 일상의 비유로 풀어냅니다. 얼음에 갇힌 오리 이야기처럼, 누구나 쉽게 공감할 수 있는 언어로 메시지를 전달합니다. 또한 고전의 지혜를 활용하고, 자신의 감정을 숨기지 않는 용기를 보여줍니다.

마윈의 성공 비결은 자신의 일에 미치도록 헌신하는 열정입니다. 그에게 스피치는 단순한 말하기가 아니라, 진심을 전하는 예술이었습니다. 꾸밈없고 솔직한 소통이야말로 청중의 마음을 움직이는 가장 강력한 힘입니다.

마윈 연설이 특별한 이유

마윈의 연설은 단순한 말하기를 넘어 영감과 혁신의 메시지를 담고 있습니다. 그의 언어는 청중의 마음을 직접 관통하는 힘을 지녔습니다.

주요 메시지의 핵심

- 비전의 중요성: 기술보다 꿈이 세상을 바꾼다.
- 겸손과 열정: 성공은 지속적인 믿음에서 온다.
- 혁신의 본질: 전자상거래의 미래는 C2B 모델에 있다.

마윈은 알리바바의 여정을 개인적이고 감동적인 이야기로 풀어냈습니다. 어려움 속에서도 미래를 믿었던 10여 명 청년의 이야기는 도전과 혁신의 상징입니다.

그의 연설은 단순한 기업 이야기가 아니라, 꿈을 향한 끊임없는 도전과 신념의 여정을 보여줍니다.

03
마윈의 말하기 법칙 5가지

마윈은 본인의 경험을 바탕으로 거짓 없이 솔직하게 이야기하는데, 이 점이 그의 연설을 더욱 강렬하고 효과적으로 만듭니다. 그는 스스로 실패를 경험했던 이야기들을 가감 없이 공유하며, 그 속에서 얻은 교훈을 전달합니다. 이렇게 진솔한 이야기는 청중이 공감하기 쉽고, 더 깊이 각인됩니다.

마윈 스피치의 핵심 원칙 5가지

1. 간결함: 짧고 강렬한 문장으로 핵심을 전달한다.
2. 비유법 사용: 쉬운 비유로 청중이 빠르게 이해하도록 돕는다.
3. 진솔함: 자신의 경험과 감정을 솔직하게 공유한다.
4. 요점 중심: 불필요한 설명을 배제하고 핵심 메시지만 전달한다.

5. 청중과의 공감: 듣는 사람의 입장에서 쉽게 이해할 수 있도록 말한다.

마윈의 웅변력은 그가 타고난 재능이라기보다, 경험과 연습을 통해 다듬어진 것입니다. 그의 말처럼, "살아남는 것이 첫 번째 목표"라면, 강력한 스피치 능력 또한 생존을 위한 중요한 무기가 될 것입니다.

인생을 바꾸는 말하기 기술

초판 1쇄 인쇄 | 2025년 9월 10일
초판 1쇄 발행 | 2025년 9월 15일

지은이 | 정병태
펴낸이 | 최근봉

펴낸곳 | 도서출판 넥스윅
등록번호 | 제2014-000069호
주소 | 경기도 고양시 일산동구 장백로 20 102동 905호
전화 | 031) 972-9207
팩스 | 031) 972-9208
이메일 | cntpchoi@naver.com

ISBN 979-11-88389-64-3   13190

- 값은 표지 뒷면에 표기되어 있습니다.
- 잘못된 책은 구입하신 서점에서 바꾸어 드립니다.
- 이 도서의 저작권은 도서출판 넥스윅에 있으며 일부 혹은 전체 내용을 무단 복사, 전제하는 것은 저작권법에 저촉됩니다.